Reimer Gronemeyer / Oliver Schultz

Die Rettung der Pflege

Reimer Gronemeyer
Oliver Schultz

DIE RETTUNG DER PFLEGE

Wie wir Care-Arbeit neu denken
und zu einer sorgenden Gesellschaft werden

Aus Gründen der leichteren Lesbarkeit konnte eine gendergerechte Schreibweise nicht durchgängig eingehalten werden. Bei der Verwendung entsprechender geschlechtsspezifischer Begriffe sind im Sinne der Gleichbehandlung jedoch ausdrücklich alle Geschlechter angesprochen.

Penguin Random House Verlagsgruppe FSC® N001967

Dieses Werk wurde vermittelt durch Aenne Glienke | Agentur für Autoren und Verlage, www.AenneGlienkeAgentur.de.
Redaktion: Hendrik Heisterberg
Umschlaggestaltung: zero-media.net, München
Umschlagmotiv: FinePic®, München
Satz: Uhl + Massopust, Aalen
Druck und Bindung: CPI books GmbH, Leck
Printed in the EU
ISBN 978-3-466-37294-2

www.koesel.de

Inhaltsverzeichnis

1.

Was ist los? – Bestandsaufnahme einer Notlage

Die Rettung der Pflege?

Das klingt nach Größenwahn. Was versprecht ihr da? Die Rettung der Pflege? Jeder, der die Situation kennt, weiß doch, dass wir am Abgrund stehen. Wer noch keinen Eins-zu-sechzig-Nachtdienst mitgemacht hat, kann nicht mitreden, hören wir immer wieder. Das ist der Nachtdienst, in dem drei Pflegekräfte für 180 Betten zuständig sind. Der Pflegenotstand ist gerade im Begriff, zur Pflegekatastrophe zu werden. Denn die Zahl der Pflegebedürftigen wächst, und die Zahl der Pflegekräfte nimmt gleichzeitig ab. Sechs Millionen Pflegebedürftige werden für 2030 erwartet, voraussichtlich fehlen dann 500.000 Pflegekräfte.

Der deutsche Pflegerat fordert ein Einstiegsgehalt für Pflegekräfte von 4.000 Euro. Aber schon jetzt kann kaum jemand einen Platz im Pflegeheim selbst bezahlen. Wir brauchen – das ist unübersehbar – andere Wege, Geld allein ist keine Antwort. Wir brauchen eine partizipative, gesellschaftlich getragene Pflege. Wir brauchen den Mut zur Erneuerung der Pflege. Natürlich ist das ein interessanter Gedanke: Pflegekräfte besser bezahlen als Professoren. Dann stünde die Wertepyramide auf dem Kopf, und die schwierigste Arbeit, die diese Gesellschaft zu vergeben hat, würde endlich angemessen gewürdigt.

Aber woher soll das Geld kommen? Wer soll das bezahlen? Wird so die Pflege der Alten zu einem gigantischen Subventionsprojekt, etwa wie in der Agrarindustrie? Und sieht man nicht in der Landwirtschaft, wie verheerend ein solcher Gedanke ist? Jeder Pflegebedürftige müsste in etwa mit dem Gehalt eines Ministerialrats finanziert werden. Was sagen die Jungen dazu? Ist die Gesellschaft bereit für einen neuen Stellenwert der Pflege nicht nur in wohlfeilen Statements, sondern in Form einer wirklichen Anstrengung?

Drängt sich nicht vielmehr der Gedanke in den Vordergrund, die Alten seien eine Last? Erhält die Kluft zwischen den Generationen eine neue, schwindelerregende Dimension, die den gesellschaftlichen Zusammenhalt bedroht? Könnte infolgedessen die zynische Frage »Müssen wir abschalten?« Konjunktur bekommen? Das Instrument des assistierten Suizids steht schon bereit.[1]

Wer glaubt übrigens eigentlich, dass eine hoch bezahlte Pflege automatisch eine bessere Pflege ist? Eine Heimleiterin sagt: »Bessere Bezahlung allein kann nicht zu besserer Pflege führen. Es braucht die Haltung.« Pflege muss besser bezahlt werden. Aber Geld allein ist nicht die Antwort auf die Pflegekatastrophe. Diese Gesellschaft setzt auf professionelle, bezahlte Dienstleistungen. Damit ist die Pflege unrettbar an die Idee von Wachstum gebunden: teurere Pflege, teurere Interventionen, teurere Technologien, teurere Verwaltung.

Das aber ist genau jenes Wachstumsmodell, das – wir alle können es jetzt schon sehen, können es wissen – zum Scheitern verurteilt ist. Wo immer wir mit Pflegenden darüber gesprochen haben, überall kommt die gleiche resignative Kälte zum Vorschein, die sagt: Das deutsche Pflegesystem erlebt aktuell einen für alle Beteiligten leidvollen Kollaps. Eine hoffnungslose Lage also?

Wir stellen die irrwitzig anmutende Frage: Könnte es nicht eine andere Art von Pflege sein, die uns vormacht, wie wir dem Wachstumsmodell mit seinen verheerenden Folgen entgehen? Pflege betrifft uns alle, von Geburt an. Könnte sich nicht gerade aus der erneuernden Pflege heraus auch der Zusammenhalt unserer Gesellschaft erneuern lassen? Weg von den sichtlich überforderten Pflegeprofis und Experten und hin zu einer »Caring Community«, hin zu einer »Caring Society«? Eine professionelle und gut bezahlte Pflege muss durch die Beiträge ergänzt werden, die eine wiedererwachte, nachbarschaftlich gesonnene Zivilgesellschaft erbringen kann. Die zukünftige Postwachstumsgesellschaft droht, in katastrophaler Kälte zu versinken, wenn sie nicht auf eigene Kräfte und auf nachbarschaftliche Kontexte setzt.

Wir wagen zu behaupten: Im Prinzip kann jeder pflegen, es will nur keiner. Was wir brauchen, ist ein Aufbruch. Ist die Ermutigung, die Fähigkeiten zu nutzen, über die wir ganz einfach als Menschen verfügen. Nicht als Ausdruck einer romantischen Hoffnung, sondern als Einsicht in die Notwendigkeit. Wir haben uns so sehr an die bezahlte Dienstleistung als Antwort auf soziale Probleme gewöhnt, dass wir uns eine andere Welt gar nicht mehr vorstellen können.

Die Zukunft wird ein Mix sein müssen: ein Mix aus wiederentdeckter vielfältiger eigener Kompetenz und professioneller Hilfe. Viele Angehörige praktizieren das im Übrigen heute schon. Zu oft aber stoßen sie bei den Professionellen auf Abschottung. Im Angesicht der Krise wird allenthalben von der Notwendigkeit eines zivilgesellschaftlichen Aufbruchs gesprochen, von neuer Gemeinschaft. Aber die »Schmuddelecke Pflege« kommt da nicht vor.

Wenn wir nicht umdenken, erwartet uns das Zukunftsszenario einer ambulanten und stationären Pflege, die – hoch subventioniert – pflegebedürftige Alte in sozial entkernten Arealen professionell versorgt. Das wäre der Schrecken für alle, die dem entgegensehen.

Wenn wir aber umdenken, würde es das Leiden der Pflegebedürftigen zwar nicht zum Verschwinden bringen, doch es könnte in einer zivilgesellschaftlich aufgewachten und reformierten Gesellschaft das Alter vor professioneller Kälte bewahren.

Wer schreibt da eigentlich?

Es ist keine kleine Forderung, die wir mit diesem Buch stellen. Aber wir wollen auch unsere Hintergründe transparent machen und erklären, was die Grundlagen für unsere zum Teil durchaus harsche Kritik sind.

Wir Autoren sind beide mit dem Thema Pflege in Forschung und Lehre befasst. Und wir kennen nicht nur die Theorie, sondern auch die Praxis. Einer, Oliver Schultz, kommt ursprünglich aus der bildenden Kunst. Seit Langem arbeitet er in Pflegeeinrichtungen künstlerisch mit Menschen mit Demenz und begegnet so den Realitäten und Phantasmen des Lebens und Sterbens im Heim. Er war zudem in einem Pflegeheim angestellt, hat dort die soziale Betreuung konzipiert und den täglichen Pflegenotstand ganz direkt miterlebt.

Der andere, Reimer Gronemeyer, ist mit bald Mitte achtzig allein durch sein Alter dem Pflegethema nahe. Er hat aber als Theologe und Professor für Soziologie schon viel früher angefangen, sich mit der Frage, was gutes Altern ist, zu befassen. Seit Mitte der Neunzigerjahre liegt sein Forschungsschwerpunkt bei den Themen Demenz, Pflege und der Hospizbewegung.

Zwei verschiedene Generationen schreiben hier. Zwei Stimmen mit ganz verschiedenen Lebenserfahrungen. Seit Langem führen wir einen Dialog über Demenz, über Pflege, über das Alter und das Sterben. Jetzt schreiben wir gemeinsam ein Buch und lassen unsere Stimmen zusammenkommen. Wir glauben und hoffen, dass daraus eine Stimmigkeit entsteht, die gerade nicht mit Einstimmigkeit verwechselt werden darf. Die auch ihre Dissonanzen und Widersprüche wahrt, aber immer um die gemeinsame Frage kreist: Wie ist die Rettung der Pflege denkbar?

Wir beide verneigen uns respektvoll vor den Leidenden, vor den pflegenden Angehörigen und vor den professionell Pflegenden. Aber wir sehen und fühlen, dass mit der Entwicklung dieses Dienstleistungsapparates ein falscher Weg eingeschlagen ist.

Also was tun? Alles zumachen? Pflegeheime, ambulante Dienste canceln? Wer wagt, das zu denken oder auszusprechen? Sollen wir alle diese Bedürftigen zu ihren Familien zurückschicken? Geht nicht. Sollen wir sie alle auf die Straße setzen? Geht erst recht nicht. Aber glauben wir wirklich, dass dieser Pflegedienstleistungsapparat immer weiterwachsen kann? Und glauben wir wirklich, dass wir Wege finden werden, den Apparat so zu humanisieren, dass weder die Patienten noch die Pflegenden verzweifeln müssen?

Ich, Oliver Schultz, erinnere mich an ein Gespräch mit einer Kollegin. Sie verfügte über jahrzehntelange, beeindruckende Erfahrung. Wir sprachen, wieder einmal, über den Pflegenotstand. Sie gab zu bedenken, wie schwer vorstellbar sei, was pflegen im Alltag bedeutet: »Weder Sie noch ich aus der Pflegeleitung haben wirklich eine Vorstellung davon, wie sich zehn Tage Waschstraße anfühlen.«

Waschstraße? Der Vergleich mit der KFZ-Pflege tut weh. Ich denke, das soll er auch. Denn Pflege ist ein harter beruflicher Alltag und verdient eine klare, unmissverständliche Sprache. Kann über Pflege nur sprechen, wer Pflege auch selber im unmittelbaren Alltag erleidet?

Wir sind nicht mitten auf der Pflegestraße unterwegs. Aber doch nah, sehr nah dran. Und haben ratlos geschwiegen, bis jetzt. Dieses Buch ist unser Versuch, uns den Fragen, auf die wir keine Antworten haben, zu stellen.

Hier schreiben zwei Männer. Aber Pflege ist weiblich: In der Altenpflege dominieren auf beiden Seiten Frauen. Die Gepflegten sind mehrheitlich Frauen, und die Pflegenden sowieso. Was haben wir als Männer in diesem Zusammenhang überhaupt zu sagen? Da Sorgearbeit nun einmal vor allem weiblich ist, sollten wir Männer da nicht besser »die Klappe halten«? Sind Männer nicht längst als die Vertreter einer eurozentrischen, patriarchal dominierten Wissenschaft und Praxis entlarvt, die noch nicht begriffen haben, dass ihre Stunde geschlagen hat, während andere das Totenglöckchen schon längst läuten hören?

Bisher konnten (alte) weiße Männer sich darauf verlassen, dass ihre Perspektive unbesehen als valide angesehen wurde, und davon ausgehen, dass der Ausschluss anderer (insbesondere weiblicher) Perspektiven funktionierte. Diese Sichtweise gilt glücklicherweise nicht mehr unwidersprochen. Mit der unbesehenen Dominanz der Männerperspektive ist es vorbei.

Feministische Gesellschaftskritik hat deutlich gemacht, dass Care-Arbeit Herrschaftsverhältnissen unterliegt, zu denen »Bodyismen, Klassismen, Heteronormativismen und Rassismen« gehören.[2] Die normierte Wahrnehmung von Körpern, die Realität von Unterdrückungen, die Fixierung von Geschlechterrollen und ethnische Diskriminierungen durchziehen das patriarchalisch dominierte Sorgepaket. Feministische Gesellschaftskritik spricht dagegen vom »unterjochten Wissen«, sie lässt neue Formen des methodischen Vorgehens zu, die zwischen »Teilnahme und Beobachtung« oszillieren.[3]

Unsere Aufgabe ist heikel, und weil wir das wissen, hoffen wir, dass wir gewarnt sind. Wir versuchen, uns ein Beispiel zu nehmen an den selbstreflexiven Sätzen von Lina Hansen. Sie beschreibt sich als Menschen, der als »weiße, erbende, able-bodied Cis-Frau in Deutschland aufgewachsen ist«. Das »Cis« ist das Adjektiv, das dem Adjektiv »trans« gegenübersteht.[4] Sind wir also weiße, erbende, able-bodied Cis-Männer, die in Deutschland aufgewachsen sind, ohne Chance, die Perspektiven der anderen ausreichend einzubeziehen? Es gibt ihn, den arroganten, sich selbst überlegen wähnenden Cis-Mann. Wir fühlen uns damit nicht treffend beschrieben.

Die weit verbreitete Dominanz der Männer ist ein Konflikt,

dessen wir uns bewusst sind. Sie leiteten die Heime, machten die Politik, dominierten die Diskurse – während die Frauen die Pflege am Bett erledigten. Wir wollen Pflege als ein gesellschaftliches Herzensanliegen bedenken. Und zwar nicht nur, weil gute Pflege in unserer älter werdenden Gesellschaft immer wichtiger wird, sondern weil sich in der Pflege zentrale Konflikte unserer Zeit spiegeln. Es ist klar: Nur wenn die Pflege auch Herzensanliegen der Männer ist, kann sie gesellschaftlich leben. Umgekehrt kann die Gesellschaft nur eine sorgende Gesellschaft werden, wenn auch die Männer pflegen.

Anspruch und Wirklichkeit

Marcel Proust hat einmal über die moderne Medizin gesagt: Sie kennt das Geheimnis der Heilung nicht. Die Diagnose der heutigen Pflege muss wohl heißen: Sie kennt das Geheimnis der Sorge nicht. Dabei ist es gerade die Pflege, in der dieses Geheimnis jeden Tag und jede Stunde aufs Neue entdeckt und gemeinsam wiederbelebt werden kann.

Aber hat es denn nicht eine Pflegereform nach der anderen gegeben? Man sieht die Staatssekretäre und Ministerialdirigentinnen ratlos in ihren Büros sitzen. Sie sehen, wie wir in einen Pflegeabgrund rutschen. Kann man denn gar nichts machen? Die alten Pflegekräfte, am Rande des Zusammenbruchs, geben auf oder werden bald verrentet. Stehen bei dem jüngeren Pflegepersonal allmählich die im Vordergrund, die in der Pflege einfach einen Job sehen, der mit technokratischer Kühle absolviert wird, weil es sonst nicht auszuhalten ist? Da treten jetzt junge Frauen und Männer auf, die nicht mehr bereit sind, sich wie die älteren Pflegerinnen und Pfleger an den Rand des Zusammenbruchs manövrieren zu lassen.

Nüchtern betrachtet wird einem jeder, der die Branche kennt, sagen: Es geht nicht mehr um Verbesserung, es geht jetzt um Katastrophenmanagement. All die Expertisen zur Pflege, all die Altenberichte, die von der Bundesregierung in Auftrag gegeben wurden, sind Makulatur. Wie sagte kürzlich der einst reformfreudige Inhaber und Leiter eines Pflegeheims? »Ich habe verkauft, ich habe aufgegeben.« Geschüttelt und zerrüttet von unlösbaren Personalproblemen, entnervt von Überregulierungen und Dokumentierungszwängen.

Schweigen wir von den zahllosen Expertinnen und Experten der Pflegewissenschaft, von Heimleitungen, von Interessenvertretungen, von Reformplanern – eine Sammlung gescheiterter Hoffnungen. Schränke, Regale, Schubladen voller Papier, und überall steht »gute Pflege« drauf. Tatsächlich trägt der Alltag der Pflege vielerorts die Aufschrift »Das nackte Elend«.

Wer kümmert sich nicht alles um eine gute Pflege, wer verspricht nicht alles lächelnde Senioren, die in sonnendurchfluteten Rosengärten ihren Lebensabend genießen? Aus einem Prospekt: »So unterschiedlich die Aufgaben auch sind, immer steht der Mensch im Mittelpunkt unseres Handelns. Mit großer Sorgfalt und hohem Verantwortungsbewusstsein ermöglichen wir ein individuelles und selbstständiges Leben in der Gemeinschaft. Maßstab unserer Arbeit – und zusätzliche Motivation – ist dabei die Zufriedenheit der Bewohner.«[5]

Wer würde das nicht gern glauben? Und manchmal wird es stimmen. Aber häufiger eben nicht. Da wird die alte Dame angeschrien, weil sie den Mund nicht für den Löffel aufmacht. Weil sie schon wieder die Klingel gedrückt hat. Weil sie heute zum dritten Mal die Windel beschmutzt hat.

Aber wer möchte schon freiwillig diesen runzligen, widerspenstigen, oft undankbaren Alten die Windeln wechseln? Wer wagt zu verlangen, dass der schwierige, manchmal eklige Job mit Freude und Engagement gemacht wird? Wo soll denn die Empathie herkommen, wenn alles unter Zeitdruck geschieht? Da wird der fast blinden Bewohnerin das Wasserglas irgendwo auf den Nachttisch geknallt, grußlos natürlich, weil aus dem Nachbarzimmer schon wieder geklingelt wird … und dann ist auch noch die Dokumentation zu machen. Wir wissen, dass in der Pflege oft Gewalt stattfindet – darf man sich darüber angesichts der Umstände noch wundern? Das, was darüber bekannt wird, dürfte jedenfalls nur die Spitze des Eisbergs sein.

Pflege als Dienstleistung hat keine Zukunft

Wir wollen nicht das Schlechte besser machen, sondern wir wollen über einen Neuanfang reden, ihn anstoßen und da, wo er schon begonnen hat, stärken. Einen Neuanfang, der nicht die große Vision auf den Tisch legt, sondern von radikalen, kleinen Schritten spricht. Wir beabsichtigen keine Vorschläge, wie die Pflege zu optimieren ist. Wir gehen aus von der Feststellung: Die professionelle, bezahlte Dienstleistung, die sich in der Pflege durchgesetzt hat, ist offensichtlich gescheitert. Sie hat keine Zukunft. Obwohl sie wächst, obwohl sie alle anderen Formen der Sorge verdrängt, ist sie so überholt wie der Braunkohletagebau in der Lausitz. Weil sie die Eigenkräfte der Menschen zerstört. Weil sie aus der Sorge um die Nächsten, die zum Menschen gehört wie die Luft zum Atmen, eine Ware macht, die kaufen kann, wer Geld hat. Weil alle zu Kunden werden sollen.

Inzwischen kann sich kaum jemand mehr etwas anderes vorstellen. Was weg ist, ist weg. Wo die lebendige, die unprofessionelle, die selbstverständliche, die wilde, die gelingende Pflege verschwunden ist, da kehrt sie so nicht mehr wieder.

An diesen Zerstörungsprozess wollen wir erinnern. Dabei reden wir nicht von einem verlorenen Paradies, nicht von einem Gestern, in dem alles besser war. Aber davon, dass den Menschen die Fähigkeit genommen wurde, füreinander zu sorgen, für die Kinder und die Alten, für die Kranken und die Behinderten. Familienpflege hat immer noch einen hohen Anteil in der Sorge um alte Menschen. Sie wird vor allem von Frauen geleistet. Doch diese Familienpflege ist auf dem Rückzug. Es war einmal möglich, sich umeinander zu kümmern. Heute glauben die Menschen, dass das Leben ohne Experten nicht mehr zu bewältigen ist. Wo der Pflegeexperte auftritt, da werden Angehörige, Freunde, Nächste, Nachbarn zu unmündigen Hilfskräften herabgestuft. Die Dienstleistungsbranche modelt alles, was Subsistenz war, in Ökonomie um. Aus dem, was die Menschen selbst konnten, wird eine professionell verwaltete Ware.

Unser Plädoyer für eine »wilde Pflege«, unsere Vorstellung einer Pflege »durch einander«, erinnert sich an die Vernichtung der traditionellen Sorge der Menschen füreinander, wohl wissend, dass der Weg nicht zurückführt. Wir ziehen keinen Joker aus dem Ärmel und sagen: Hier ist unsere Patentlösung. Macht es so oder so – dann ist die Pflegekatastrophe vom Tisch. Damit würden wir uns in die lange Folge der gescheiterten Pflegereformer einreihen. Was wir wollen, ist ein radikaler Neuanfang.

Sicher werden viele sagen: Das geht doch gar nicht. Aber das, was wir heute Pflege nennen, ist ein Hochgeschwindigkeitszug, der auf eine Betonmauer zurast. Alle werden zu Opfern, sowohl die Pflegebedürftigen als auch die Pflegekräfte. Die einen sterben mittelfristig, die anderen landen im Burn-out. Oder suchen sich gleich einen anderen Beruf. Soll das so weitergehen?

In der Tat, wir versuchen etwas, das eigentlich unmöglich ist. Wir sind leidenschaftlich naiv: Wir glauben, dass es jetzt um den Versuch geht, etwas ganz Neues zu tun. Der amerikanische Autor Charles Eisenstein hat enthusiastisch von einer ähnlichen Naivität gesprochen. Von dem Versuch, trotz zerstörerischer Konzernkräfte, die den Klimawandel vorantreiben, die Katastrophe aufzuhalten. Das sei naiv und dennoch unabdingbar.[6] Ein Neuanfang in der Pflege? Auch das ist naiv. So naiv wie der Versuch, den gesamten Wirtschaftszweig der fossilen Brennstoffe zu stoppen, um den Klimawandel aufzuhalten. Vielleicht ein aussichtsloser Versuch, aber unsere einzige Hoffnung auf Rettung, wenn es denn eine gibt.

Wer wollte es wagen, diesen Riesenapparat, den medizinisch-pflegerischen Komplex, in Frage zu stellen? Hohngelächter ist uns sicher. Mittlerweile gibt es europaweite Pflegekonzerne, die über Hunderte, ja Tausende ambulante und vor allem stationäre Pflegeeinrichtungen verfügen. Da kann man eigentlich nur die Konsequenz ziehen: Investieren Sie in Pflegeimmobilien! Da sind noch Renditen zu erwarten! Es geht um hunderttausende Arbeitsplätze in der Pflegeindustrie, allein in Deutschland. Aber alle wissen oder ahnen, dass das Wachstum dieses technophilen und zugleich brüchigen Pflegeapparates die falsche Richtung ist, dass es nicht funktioniert.

Wir wagen die Behauptung: Im Blick auf die Pflegefrage ist diese Gesellschaft in die falsche Richtung gegangen. Einige hunderttausend Jahre ist der Homo sapiens ohne Pflegeeinrichtungen ausgekommen. Nun, in den letzten Sekunden dieser langen Geschichte, in den Sekunden, in denen wir leben, ist das Dienstleistungsgewerbe implodiert und alle stöhnen – die gegenwärtigen und die künftigen Kunden, die Politiker und die Professoren, die sich mit diesem Thema befassen, und die Pflegepraktiker sowieso.

Überall sehen wir die Auswirkungen menschlicher Fehlentscheidungen: Artensterben, Verlust der Biodiversität, Klimawandel, Armut, Rassismus. Im Pflegebereich sehen wir die Abgeschobenen, die Unbrauchbaren, die Leistungsunfähigen, immer deutlicher einer industriellen Versorgung ausgeliefert. Werden sie bald gänzlich von Avataren und Robotern betreut? Pharmazeutisch ruhiggestellt, herabgewürdigt zum menschlichen Müll einer Leistungsgesellschaft, deren unausgesprochene und heimliche Antwort auf die wachsende Lebenserwartung bei gleichzeitiger Abnahme der Leistungsfähigkeit lautet: Warum verschwindet ihr nicht? Schaltet euch ab, oder wir tun das.

Die Alten sind die sichtbaren Opfer einer Geschichte der Trennung. Wer hinfällig wird, wird ausgesondert. Wenn die Familie (immer noch meistens: die Frau) pflegt, geschieht mit ihr dasselbe. Wer sich auf Familienpflege einlässt, wird ins Abseits gestellt. Familienpflege bringt Menschen oft an den Rand, Isolation kann die Folge sein, weil für Kontakte nach außen keine Zeit mehr bleibt. Die moderne Gesellschaft hat die Familie zerstört oder fragmentiert. Natürlich waren die früheren Zeiten nicht idyllisch, auch und gerade nicht für die Alten. Aber was wir gerade erleben, ist die immer weiter voranschreitende Geschichte einer Separation aller von allen: Immer mehr Menschen leben allein, vereinzelt.

Es ist unübersehbar: Vor allem die alten Menschen, die Hinfälligen, sind Opfer dieser Trennung. Sie werden wie herabgesunkene Gesellschaftsteilchen am Boden abgelagert. Sie sind Aussätzige. Die moderne Gesellschaft führt einen Krieg gegen Leiden, gegen Schmerz, gegen das Altwerden. Für die Verlierer in diesem Krieg, die Alten, gibt es nur den Weg bergab. Sie werden separiert, versorgt, und abgesehen davon will man vor allem eines: an ihnen verdienen.

Wir sitzen auf den Trümmern des scheiternden Pflegekomplexes. Gestehen wir uns ein, dass es der falsche Weg war. Und suchen wir nach Auswegen. Man muss sich die dringlichen Fragen noch einmal vor Augen führen: Die heute dominierende professionelle Dienstleistungspflege treibt die Pflegebedürftigen und ihre Angehörigen viel zu oft in den finanziellen Ruin. Ist das vermeidbar? Deutschland ist übersät mit Einrichtungen, die stolz sind auf ihre standardisierten, qualitätskontrollierten, dokumentierten Angebote. Warum will eigentlich keiner freiwillig da hin?

Eine Schlucht tut sich auf zwischen den pflegewissenschaftlichen Konzepten, die Pflege optimieren wollen, und der resignativen Realität, in der man sich durchwurstelt, um über die nächste Nachtwache zu kommen, ohne einen Gast zu vernachlässigen oder zu misshandeln. Wann gestehen sich die Beteiligten ein, dass den raffinierten theoretischen Konzepten in der Realität des Pflegealltags nichts entspricht?

Die Angehörigen sind froh, wenn sie ihre pflegebedürftigen Verwandten in die ambulante oder stationäre Pflege abgeben können, weil sie es selbst nicht schaffen. Die Folge ist ein Gefühlschaos, ein Mix aus Erleichterung und Schuldgefühl. Diese Gefühlskonsequenzen – so lautet der heimliche Befehl – muss jeder mit sich selbst ausmachen. Das ist der falsche Weg, den die Gesellschaft, den wir gemeinsam eingeschlagen haben. Die Betroffenen sind dazu aufgefordert, diese Bürde finanziell und emotional privat zu bewältigen. Warum gibt es keine gemeinsame, öffentliche, gesellschaftliche Debatte über diese Privatisierung des Unglücks?

Gern wird an diesem Punkt neuerdings von »Resilienz« geredet. Eine Modevokabel, die nichts anderes sagt als: Mit deinen Problemen musst du selbst klarkommen. Die Risiken, die gesellschaftlich produziert worden sind, werden privatisiert. Du wachst morgens auf und hast das alles am Hals. Und fürchten nicht viele Menschen, dass eine fehlentwickelte Medizin, die vor allem an Karriere und Geld interessiert ist, sie als menschliche Ruinen am Leben hält, obwohl sie das gar nicht wollen?

Über die Versorgung der Alten wird viel geredet, zur Last fallen will niemand. Mit welchen Gefühlen die Pflegebedürftigen in Einrichtungen leben, danach fragt keiner. Ist das unvermeidlich? Ist es normal, dass abhängige Alte die letzte Lebensstrecke mit einem Rucksack voller Schuldgefühle auf dem Rücken zurücklegen müssen? Dass sie zu viel kosten? Dass das Erbe der Kinder von einer teuren Pflege aufgefressen wird?

1993/94 wurde die Pflegeversicherung eingeführt. Sie entfaltete eine Sogwirkung, rein in die Pflege. Für die Betreiber, die auf die Bilanz schielen, wurde die Pflegeversicherung zur Goldgrube unter der Devise: Nun muss die Hütte aber auch voll werden. Was die Frage aufkommen lässt, wie viele Menschen in Pflegeheimen liegen, sitzen und leiden, die da gar nicht hingehören, weil sie auch ambulant zu versorgen wären. Aber da knistert schon wieder das Geld. Stationäre Pflege ist billiger, weswegen der Ruf nach mehr ambulanter Pflege wohl weniger Gehör finden wird als erhofft.

Alle Kräfte konzentrieren sich darauf, dieses kaputte System aufrechtzuerhalten. Da werden Frauen gruppenweise aus dem Ausland geholt und flüchtig zu Helferinnen in der Altenpflege ausgebildet. Es sollen Pflegekräfte aus Osteuropa, aber auch aus Mittelamerika oder der Sahelzone herbeigeschafft werden, dort gibt's ja in Hülle und Fülle Menschen, die auf bessere Gehälter hoffen. Die Reichen müssen sich doch eigentlich keine Sorgen machen. Wenn aus Polen oder Rumänien nicht mehr genug Hilfswillige kommen, dann holen wir sie aus China.

Natürlich ist das ein schräges Bild, das da entsteht: Hunderttausende gut situierte, vor allem weiße Alte werden von Hunderttausenden PoC (*People of Color*) gewaschen oder mit Brei gefüttert. Irgendwie ein kolonial parfümiertes Sittengemälde. In den Pflegeheimen stehen sich PoC und PoP gegenüber – *People of Color* und *People of Pain*. Diese zweite Umschreibung meint nicht unbedingt, dass alle Pflegebedürftigen somatische Schmerzen haben, aber sie leiden unter dem Schmerz der Verlassenheit. Daran, dass sie sich überflüssig fühlen, dass sie sich als Leistungsversager in der Leistungsgesellschaft offenbaren.

Die Hoffnung der »Caring Society«

Caring Society, sorgende Gesellschaft: Ist das eine Vision, die eine andere Zukunft denkbar macht? Ist das ein Plastikwort, das nichts sagt? Ist das die gescheiterte Dienstleistung in neuem Gewand (jetzt angereichert durch ehrenamtliche Hilfskräfte und dienstbare Angehörige)? Hatte doch Margaret Thatcher 1987 gefragt: »Was ist das – Gesellschaft? So etwas wie Gesellschaft gibt es nicht.« (»There's no such thing as society.«) Ein soziales Auffangnetz sei laut der »Eisernen Lady« zwar wichtig, aber die Leute manipulierten das System, um sich versorgen zu lassen, meinte die britische Premierministerin. »Ich bin obdachlos, die Regierung muss mir eine Wohnung besorgen.« Für Thatcher gab es anstelle der Gesellschaft nur einzelne Männer, Frauen und Familien. Keine Regierung könne etwas erreichen, außer durch Leute (people), und die Leute müssten in erster Linie für sich selbst sorgen.[7]

Aus diesen Formulierungen der »Eisernen Lady« spricht natürlich der arrogante und erbarmungslose Blick von oben. Aber der moderne Wohlfahrtsstaat hat unfraglich entmündigende und lähmende Züge. Die Sorge für alte, hinfällige, pflegebedürftige Menschen war einmal Sache der Familie, der Nachbarschaft, der lokalen Gemeinschaft. Jetzt möchte man diese Sorge eigentlich an ein Konsortium abgeben, das sich aus öffentlichen Geldern und den Einnahmen privater Unternehmen speist. Ein Prozess, der einerseits in die Verstaatlichung des Alters und andererseits in dessen Ökonomisierung mündet.

Die Versorgung des Alters ruht heute auf zwei Säulen: Administration und Geld. Staat und Unternehmen machen – so könnte man auch sagen – die Versorgung des Alters unter sich aus. Gefühle, Leiden, Schmerz, Wärme oder Sehnsucht haben dabei oft wenig Platz. Doch langsam findet ein Umdenken statt, es werden andere Stimmen laut: Gefordert werden quartiersnahe Sorgekonzepte, die bürgerschaftliche Eigenverantwortung stärken und Mitgestaltung ermöglichen.

Es werden Rufe nach einer Kommunalisierung der Pflege laut, und endlich, im Hinblick auf soziale, kulturelle und wirtschaftliche Unterschiede vor Ort, auch regionale Voraussetzungen wahrgenommen.[8] Die nicht eben sympathische Vokabel »Empowerment« gewinnt dabei Raum. Unter Rückgriff auf die Bürgerinitiativbewegung, die seit den Sechzigerjahren sichtbar wurde, und auf die psychosoziale Arbeit, die seit den Neunzigerjahren wuchs, kommt nun die Frage nach selbstverantworteter Lebensgestaltung auf.[9] Es sind die ersten Lichter, die einen neuen Weg in der Altenarbeit sichtbar machen.

Die Caring Society ist eine Chance, aber es gehen auch Risiken damit einher. Ein Missbrauch der Idee wäre es, wenn der immer fressgierige Dienstleistungsapparat mit dem Konzept einer Caring Society neue Ressourcen entdeckte und sich aneignete: Freiwillige, Ehrenamtliche, Angehörige, Nachbarschaften und Freunde können funktionalisiert werden, eingebunden in das alt-neue Dienstleistungskonzept, das Alte zu Kunden macht. Dienstleistungen kennen die Begrenzungen nicht, denen die Produktion von Gütern unterliegt. Sie sind nicht auf Ressourcen, Kapital und Standorte angewiesen – ein gefundenes Fressen.[10]

Unsere Sicherheiten gründen fast gänzlich auf technischen Lösungen. Das schließt ein und verbindet sich damit, dass wir unsere Hoffnungen auf Geld richten. So halten wir die Welt auf Distanz und reden das, was Gemeinschaft kann, klein. Wer das Thema Pflege im Alter angeht, muss sich darüber klar sein, dass er in einem stählernen Denkgehäuse sitzt. Wir wollen hier nach den Ritzen in diesem Gehäuse suchen, durch die Licht eindringt. Auch wenn da nach unserem Eindruck immer jemand ist, der diese Lichtschlitze zuzukleben versucht.

Eduardo Galeano, der lateinamerikanische Schriftsteller, hat gesagt: »Diese altertümliche Stimme, die uns von der Gemeinschaft erzählt, kündigt zugleich eine andere Welt an. Die Gemeinschaft – als gemeinschaftliche Produktions- und Lebensweise – ist die älteste aller (...) Traditionen (...). Sie gehört zum Anbeginn der Zeit und zu den ersten Menschen, aber sie gehört auch zur Zeit, die kommen wird, und sie nimmt eine andere Welt vorweg.«[11]

Wir sind uns darüber im Klaren, dass der Mainstream der Pflege sich auf Geld, Professionalität, Standard, Automatisierung und Dokumentation richtet. Wer auf die Geschichte und die Zukunft der »Commons«, der Gemeinschaftlichkeit verweist, muss damit rechnen, sofort als Romantiker abgetan zu werden. Als wäre die Romantik ein Irrweg des Menschen gewesen. Könnte sie nicht vielleicht die Rettung sein?

Novalis hat diese Rettung prognostiziert: »Die Welt muss romantisiert werden. So findet man den ursprünglichen Sinn wieder. Romantisierung ist nichts als eine qualitative Potenzierung. Das niedere Selbst wird mit einem besseren Selbst in dieser Operation identifiziert.«[12]

Das ausgerottete Gemeinsame lässt sich nicht einfach mit dem Zauberstab herbeiholen. Es kann nur das Ergebnis eines Kampfes um die »Commons« sein. Die Mechanisierung unserer Vorstellungen dessen, was möglich ist, kann sich nur auflösen, wenn wir die Wiederverzauberung wagen. Wir stehen am Endpunkt einer neoliberalen Verherrlichung des Individuums, des Privaten, des Großtechnologischen, des Professionellen, mit dem wir gerade an allen Ecken und Enden scheitern. Wir müssen uns darum an Hoffnungen klammern, die längst als absurd abgeurteilt sind. Wir müssen uns an Erinnerungen an eine Zeit festhalten, die schon lange dem »Fortschritt« zum Opfer gefallen ist.

Früher einmal haben die Menschen in Amerika gesungen, während der Mais wuchs. Man glaubte, man könne durch den Gesang das Wachstum befördern.[13] Aus heutiger Sicht kaum mehr als ein

Aberglaube, doch in vielen einfachen Gesellschaften gibt es ähnliche Erinnerungen. In ihnen liegen Weisheiten und Erfahrungen, die wir weitgehend zum Verschwinden gebracht haben. Ein verbindendes Element dabei ist die Kraft der Gemeinsamkeit, die bei uns verebbt ist. Könnte nicht genau sie uns in der Pflegekatastrophe helfen?

Bei den San, früher Buschmänner genannt, die im Südlichen Afrika leben und die Ureinwohner dieser Region sind, gibt es den Trancetanz. Ist dort jemand krank, wird lange, lange um ihn herumgetanzt, wobei die Tänzerinnen und Tänzer in Trance fallen. Es ist ein Heilungstanz. Krankheit, so meinen die San, ist immer Ausdruck einer Störung in der Gemeinschaft, und der gemeinsame Tanz in enger körperlicher und seelischer Verbindung mit dem kranken Menschen hat heilende Kraft. Vielleicht steckt darin in gewisser Weise mehr Weisheit als in der sechsminütigen Konsultation beim Arzt?

Vom Fall der Pflege – Erzählungen aus dem Pflegenotstand

Die Pflege ist in der Krise, darin sind sich im Grunde alle einig, wir lesen es in den Medien, kennen die häufig gleichlautenden Appelle der politisch Verantwortlichen. Doch was bedeutet das tatsächlich, für professionelle Pflegende, für Angehörige, für die Pflegebedürftigen selbst? Jeder kennt Berichte von Verwandten oder aus dem Bekanntenkreis, die eindrücklicher als jede Statistik zeigen, wie bitter nötig grundlegende Veränderungen in der Pflege sind. Auch wir Autoren. Einige davon wollen wir hier teilen – denn sie zeigen gut, woran es dem Pflegesystem derzeit mangelt.

Die Rettung der Sinne

Ich, Reimer Gronemeyer, erinnere mich an ein eindrückliches Beispiel: Es ist viele Jahre, ja, Jahrzehnte her. Winfried, ein Verwandter von Nordstrand, der nordfriesischen Insel, kam zu mir nach Hamburg. Sein Gesicht war durch ein großes, feuerrotes Muttermal im Gesicht entstellt. Das sollte im Krankenhaus operiert werden. Winfried war ein junger Bauer, der die Insel kaum je verlassen hatte. Ich besuchte ihn im Krankenhaus, er war dort nicht glücklich.

Am Tag seiner Entlassung traten wir durch die Glastür ins Freie. Das Erste, was er tat: Er beugte sich zum Boden, hob eine Handvoll Erde hoch und atmete ihren Duft ein. Ich war überrascht, ich fand das eindrucksvoll. Aber erst heute beginne ich zu ahnen, was sich da abspielte. Winfried hatte den Sinn für das, was wir heute herabsetzend als »Umwelt« bezeichnen, nicht verloren. Ich als Stadtkind wäre nicht auf die Idee gekommen, meine Nase in eine Handvoll Erde zu stecken.

Heute, fünf Jahrzehnte später, lese ich bei dem amerikanischen Autor Charles Eisenstein etwas über *gratitude*, was man wohl mit Dankbarkeit übersetzen kann. Er spricht davon, dass man Dankbarkeit nicht herstellen kann. Sie ist ein Geschenk, das geboren wird aus der Erkenntnis, dass die Welt, in der wir leben, eine gute Welt ist. Das lernen wir nicht von Milliardären oder von den Bewohnern edler Lofts in Berlin, Hamburg oder Frankfurt. Wir lernen es von dem Mann, der sein letztes Stück Brot mit einem anderen teilt. Wir lernen es von der obdachlosen Frau, die sich voller Hingabe um ihr Baby kümmert. Vor einer Weile hörte ich Unglaubliches von Hospizpflegerinnen, sie sprachen von Gästen im Hospiz, die sagten: »Die Tage hier im Hospiz sind die glücklichsten Tage meines Lebens.« Dankbarkeit, sagt Charles Eisenstein also, lässt sich nicht einfach herstellen, vielmehr kann man sie üben. »Tue etwas, was dich daran erinnert, dass die Welt gut ist. Geh raus, nimmt eine Handvoll guter Erde, führe sie zu deiner Nase und atme tief ein. Versuche nicht, etwas daraus zu machen. Versuche nicht, etwas daraus zu lernen, versuche nicht, dein Wissen zu erweitern. Atme einfach den Duft ein, den Duft der guten Erde. Den Duft der Schöpfung.«[14]

Über Franz von Assisi wird berichtet, er habe sich, als er sein Ende nahen fühlte, ins Freie tragen lassen. Es war das Jahr 1226. Er sei fast blind gewesen und habe jede Bequemlichkeit abgelehnt. Er wollte auf den Boden gelegt werden, um dort und so zu sterben.

Nein, natürlich ist das kein Vorbild für die Pflege heute. Doch wie auch immer man mit dem ganzen Versorgungsapparat in der

Pflege umgeht, ob man ihn bewundert, ob man ihn optimiert oder ihn kritisiert: Er schneidet uns ab von dem, was Eisenstein »die gute Welt« nennt. Ich denke an den Tod von D., der an Schläuchen aller Art hängend, umweht vom unvermeidlichen sterilen Geruch der Intensivstation, sein Leben aushauchte. Wir, die wir um dieses Bett herumsaßen, waren hilflos. Die Hände mit Mullbinden an den Seitenteilen des Bettes angebunden, damit der Patient sich nicht die Schläuche herausreiße. Die digitalen Versorgungssäulen am Kopfende blinkten, tickten. Als die Blässe sich auf seinem Gesicht ausbreitete, flachte auf einem der Monitore die Kurve ab. Die Schwester, die eintrat, schaute nicht in das Gesicht, sondern auf den Monitor. Ein solches Ende in einem medizinisch-digitalen Versorgungspaket ist heute vielen bereitet, es ist normal.

Ich bin innerlich zerrissen: Wahrscheinlich wartet auch auf mich so etwas. Perfekt versorgt, dahindämmernd, schmerzfrei in das Ende rutschen. Möchten wir das nicht alle? Und in all dem guten Pflegewillen werden wir eingepackt in Mullbinden, sind aber abgeschnitten von den sinnlichen Erfahrungen, die in einer Handvoll Erde verborgen sind. Ich will nicht wie Franz von Assisi auf dem Boden liegen und vielleicht frieren. Aber auch nicht auf einer Intensivstation, vorzeitig begraben in einem medizinisch-technischen Sarkophag.

Die professionelle Versorgung schneidet uns ab von sinnlichen Erfahrungen. Das Letzte, was ich dort höre, ist nicht der Gesang einer Nachtigall oder der Kuckuck oder das Rauschen von Blättern, nein: Die letzte Sinneserfahrung, die mich erwartet, ist ein digitales Ticken. Nicht der Duft der Erde, nicht die Dankbarkeit, ein Teil der Schöpfung zu sein. Ich ende als perfekt versorgtes Anhängsel eines Apparates.

Die Rettung der Pflege besteht nicht in der Optimierung des Apparates. Die Rettung der Pflege hat etwas damit zu tun, dass sie mir nicht die Möglichkeit abschneidet, in Dankbarkeit Abschied von der Schönheit der Schöpfung zu nehmen. »Gratitude« heißt das auf Englisch. In dem Wort klingt das »gratis«, die »Umsonstigkeit« nach, ebenso die »gratia«, die Gnade.

Die Versorgungsmaschine kennt keine Gnade. Die Optimierung der Pflege, wie wir sie kennen, ist die Optimierung gnadenloser Perfektion. Die scheitert zwar ständig, aber der starre Blick der Versorger und der Blick der Kritiker, die Pflegeskandale aufdecken, schneiden den Blick auf die untergehende Sonne ab. Die Sprache der Blätter ist ausgesperrt, und auch das sanfte Rauschen eines Bachs ist nicht zu hören. Pflegebedürftige sind, selbst dort, wo ihre Versorgung professionell perfekt ist, vom Leben abgeschnitten. Wie in der Hydroponik. So heißt eine Form der Pflanzenkultivierung, bei der die Wurzeln der Pflanzen in einer Nährlösung hängen – ohne Berührung mit dem Boden, bei künstlichem Licht in einem hydroponischen Pflegeheim.

Eine unerwartete Begegnung

Als ich, Oliver Schultz, wieder einmal ins Pflegeheim kam, um dort meine wöchentliche Malgruppe für Menschen mit Demenz zu beginnen, kam mir vom hinteren Ende des langen Flurs eine neue Bewohnerin entgegen. Sie war offensichtlich eingeschränkt in ihrer Mobilität. Mühsam, aber zielstrebig, bewegte sie sich durch den Flur. Hielt sich alle paar Schritte an dem Geländer fest, das dort zur Unterstützung angebracht ist. Verschnaufte. Ging weiter. Wenn auch gebeugt. Als sie langsam näherkam, dachte ich: So alt ist sie eigentlich gar nicht. Und dann stand sie vor mir, begrüßte mich freundlich und sagte, sie werde mir helfen, die Bewohner und Bewohnerinnen zu holen. Sie wisse aber nicht, wer denn immer so teilnehme. Sie sei heute nach langer Erkrankung zum ersten Mal wieder im Dienst.

Ich dachte, ich müsse mich verhört haben. Doch dann, als sie auch keine Anzeichen einer möglichen Demenz offenbarte, versicherte ich der Pflegerin, ich könne die Malerinnen und Maler sehr gut allein holen, sie müsse mich nicht unterstützen. Woraufhin sie langsam, gebeugt, schleppenden Ganges wieder in dem langen Flur verschwand, um ihre Arbeit zu tun. Ich war sprachlos.

Es kommt immer wieder vor, dass ich in den Heimen auf Menschen treffe, die ich noch nicht kenne. Und manchmal halte ich sie für Besucher oder gar für neue Mitarbeiterinnen oder Mitarbeiter. Weil sie auf den ersten Blick körperlich so rüstig erscheinen. Erst später erfahre ich dann, dass er oder sie in ganz frühen Jahren von einer Demenz betroffen ist. Das gibt es. Menschen können schon mit fünfzig Jahren von Demenz betroffen sein. Äußerlich ist ihnen nichts anzumerken. Aber sie wissen nicht, wie sie heißen. Oder wie man einen Stift hält.

Meistens jedoch lassen sich die Bewohnerinnen und Bewohner der Heime gut von denen unterscheiden, die sie pflegen. Nie zuvor hatte ich eine Mitarbeiterin für eine pflegebedürftige Bewohnerin gehalten. Steht zu befürchten, dass so eine »Verwechslung« in den kommenden Jahren öfter passieren wird, und nicht nur mir.

Ein Tag im Krankenhaus

Pflegende und die, die der Pflege und Fürsorge bedürfen, leiden gleichermaßen unter den derzeitigen Strukturen, wie auch dieses Erlebnis zeigt: Eines Morgens hatte meine Mutter sehr hohen Blutdruck. Furchtbare Kopfschmerzen, starke Übelkeit. Seit Monaten litt sie unter einem feinen, aber schmerzhaften Beckenbruch, der nur sehr langsam verheilte. Sie konnte kaum aufstehen oder gehen. Meine Schwester brachte sie irgendwie zur Hausärztin. Die legte ihr mehrere Infusionen, aber nichts half. Der Bluthochdruck blieb bedrohlich. Die Ärztin sagte, sie könne es nicht mehr verantworten, und ließ meine Mutter ins Krankenhaus einweisen.

Meine Schwester hätte unsere 82-jährige Mutter gerne begleitet. Aber es war noch Corona. Sie durfte nicht mit in die Labyrinthe des Gesundheitswesens, durfte nicht einmal die Notfallaufnahme betreten, sondern musste sich plötzlich von unserer Mutter trennen. Die hatte in der Eile ihr Handy liegen lassen. Ein schwerwiegender Fehler, wie sich zeigen würde. Dann war meine Mutter auch schon im Krankenhaus verschwunden. Und blieb verschwunden.

Die Zeit im Krankenhaus ist eine andere als in der Welt draußen. Stunden sind dort Minuten. Hier heißt es: Warten. Hier wird man Patient. Das Wort kommt vom lateinischen »patiens«, das bedeutet: Geduld.

Die Stunden vergingen, wir hörten nichts von ihr. Irgendwann telefonierten wir mit einer Dame am Empfang, schilderten die Situation. Man würde unsere Frage auf die Station weiterleiten, die Ärzte würden sich melden, sobald es etwas zu berichten gäbe. Aber es gab wohl nichts zu berichten. Kein Rückruf, keine Information. Unsere Mutter blieb verschwunden.

Es wurde Abend. 20 Uhr. Wir übten uns in Geduld. Und Zuversicht. Die werden ihr, einer älteren Dame, ja sicher ein Bett und Abendessen gegeben haben. Wahrscheinlich schlief sie längst, erschöpft, aber gut versorgt. Am Empfang war jetzt niemand mehr zu erreichen. Die werden sich sicher melden.

Der Abend schritt voran. Die Nacht brach herein. Das Schweigen aus dem Krankenhaus breitete sich aus. 22 Uhr. Unsere Unruhe wuchs. Unsere Zuversicht schwand. Nein, die rufen uns nicht zurück. Die haben uns vergessen.

23 Uhr. Immer noch kein Lebenszeichen. Zwölf Stunden war meine Mutter schon verschwunden. Meine Frau und ich beschlossen: Wir fahren jetzt da hin. Wir wollten sie sehen. Uns von ihrem Zustand ein eigenes Bild machen.

Um 23.30 in der Notaufnahme. Eine adrette Dame am Empfang wollte uns erst wegschicken. Niemand darf rein. Wir haben Corona. Wir bestanden darauf, unsere Mutter zu sehen und mit nach Hause zu nehmen! Widerwillig ließ sie uns im Warteraum der Notaufnahme Platz nehmen. Nicht ohne uns noch zu drohen, uns sofort des Hauses zu verweisen, falls wir uns dort wegbewegten. Und wir dürften es auch niemandem sagen, dass wir hier seien. Wir warteten. Rührten uns nicht von der Stelle.

Plötzlich öffnete sich eine schwere Doppeltür vor uns, und meine Mutter erschien, stand da auf dem Flur, direkt vor uns, und schaute sich um. Dann sah sie uns. Und brach in Tränen aus. Zwölf Stunden lang hatte man ihr, trotz ihrer Beckenfraktur, kein Bett, geschweige denn Essen oder Trinken oder zumindest die Möglichkeit angeboten, mit uns zu telefonieren. Eine Pritsche habe man ihr irgendwann zur Verfügung gestellt. Schließlich hatte sie beschlossen: Ich muss hier raus.

Ich frage mich bis heute, wie es ihr gelang, trotz ihrer Fraktur aufzustehen und sich auf den Weg zu machen. Wie sich herausstellte, hatte niemand mit ihr gesprochen, ihr gesagt, dass wir gekommen seien, um sie zu holen. Es war reiner Zufall, dass wir genau gegenüber der Tür saßen, durch die ihr die Flucht gelang. Eine Schwester kam. Was hier los sei? Wir erklärten die Lage. Dass wir unsere Mutter jetzt mit nach Hause nähmen. Das ginge auf keinen Fall ohne den Arztbrief. Auf den müssten wir noch warten. Gut, das würden wir noch schaffen. Wir warteten.

Es hieß: »Noch zwei Minuten.« Nach einer halben Stunde dann: »Noch drei Minuten.« Die Zeit verläuft wirklich anders im Krankenhaus.

Nach einer Stunde, es war schon weit nach Mitternacht, näherte sich von rechts eine wankende, zierliche Person. Ich erinnere mich noch, wie ich dachte: eine weitere erschöpfte Patientin, die nun endlich nach Hause gehen kann. Sie kam auf mich zu, ließ sich auf einen Stuhl fallen, schaute mich aus unergründlichen Augen über ihrer verrutschten Maske an, völlig erschöpft, und gab mir mit spanischem Akzent zu verstehen: »Ich habe heute Geburtstag.« Es war die diensthabende Ärztin.

Für einen Moment war alles anders. Diese entkräftete Ärztin hatte durch ihre völlig unerwartete und irgendwie unpassende Bemerkung einen winzigen Funken Mitmenschlichkeit in diesen Katakomben der Hoffnungslosigkeit entfacht. Er leuchtete hell und warm. Für einen winzigen Moment war nur dieses eine wichtig: ihr Geburtstag. Als seien wir nur deshalb hier, nachts auf dem Flur, um ihren Geburtstag vor jenem Vergessen zu bewahren, das in diesen Fluren und hinter diesen Türen sein Unwesen trieb. Wir gratulierten ihr herzlich, und sie übergab mir den Arztbrief. Sie erklärte, sie habe aus Versehen die Löschtaste gedrückt und alles noch einmal schreiben müssen. Ihre weiteren Erklärungen konnte ich nicht verstehen. Dann führten wir meine Mutter, Schritt für Schritt, über den endlosen dunklen Parkplatz des Krankenhauses, erreichten das Auto und fuhren glücklich nach Hause.

Das Schöne am Krankenhaus – dachte ich damals: Man vergisst mal eine Zeit lang alle gesundheitlichen Probleme. Man will nur noch eins: da raus.

Durchhalten bis zum bitteren Ende

Längst ist die Pflege selbst ein Pflegefall. Noch wahrt sie den professionellen Anschein, sie habe die Lage im Griff. Aber sie befindet sich am Rande der völligen Erschöpfung. Wie lange noch wird sie sich an diesem Rand halten können? Eine wirksame Sturzprophylaxe ist nicht in Sicht. Mangel an Pflegekräften, Mangel an öffentlicher Wahrnehmung, Mangel an politischem Veränderungswillen, Mangel an Ideen zu wirksamen Veränderungen, wachsende Frustration bei denen, die noch durchhalten. Wie gefährlich ist es inzwischen geworden, das Durchhalten?

Eine Pflegedienstleiterin erzählt von ihrem Vater, der vierzig Jahre lang als Anästhesiepfleger in einem Krankenhaus gearbeitet hat. Da sei es die Regel gewesen, zwei oder drei 24-Stunden-Schichten pro Woche zu schieben. Sein ganzes Leben lang habe er das gemacht. Immer wieder 24-Stunden-Schichten. Früher hätte es da noch Schlafzeiten gegeben. Aber auch das sei längst vorbei. Heute sei es normal, immer wieder 24 Stunden durchzuarbeiten.

»Mein Vater hat als Krankenpfleger 3.000 Euro netto nach Hause gebracht, für seine fünfköpfige Familie.« Aber wie geht es dem Mann heute? Er ist 62, hat eine Schwerbehinderung und überhaupt keine Lebensqualität mehr, ihm tun die Knochen weh, er ist schwer herzkrank und hatte Phasen, da war er depressiv, weil ihm plötzlich die Leistungsfähigkeit verloren ging. Für ihn war das so schrecklich, dass er dachte: Was habe ich noch für eine Bedeutung? Das passiert mit Menschen in der Pflege.

Immer weniger Menschen entscheiden sich fürs Durchhalten. Sie verschaffen sich Verschnaufpausen, sei es durch Krankentage hin und wieder, sei es endgültig durch Kündigung. Ein Heim kann seine Stationen nicht mehr belegen, es fehlen einfach Pflegekräfte. Eine Mitarbeiterin eines anderen Heims meint ganz bescheiden: »Da geht es uns doch gut. Unsere Leute kündigen wenigstens nicht, die machen nur krank.«

Die Pflege leidet unter einer ausgeprägten Weglauftendenz, und das Ende der Pflege, wie wir sie kannten, scheint unabwendbar. Die Pflege kippt. Ungefähr so, wie ein See kippt und zu einer faulen Brühe verkommt, wenn der Sauerstoff nicht mehr ausreicht. In so einem Milieu ist dann kein Leben mehr möglich, geschweige denn ein gutes Leben. Die Pflege wird kippen und abstürzen, wie jemand, der seit Jahrzehnten laut um Hilfe ruft, während er dem Abgrund der Erschöpfung entgegentaumelt, gegen seinen Willen, zu hilflos und zu geschwächt, um aus eigener Kraft die Richtung zu ändern. So bewegt sich die Pflege unermüdlich immer weiter auf den Abgrund zu, Stück für Stück, Jahr für Jahr, längst bedürftiger als manche derer, die sie versorgt, schleppt sie sich stur und blind ihrem Absturz entgegen.

Nicht wenige meinen, es sei längst ein freier Fall. Der Fall der Pflege. Das Wort vom Pflegefall hat eine ganz neue Bedeutung erhalten. Schlimm klang das Wort schon immer. Wer möchte schon auf einen Fall reduziert werden? Längst gilt diese Degradierung nicht mehr nur für die Menschen, die versorgt werden müssen, sondern auch für die Pflege selbst – ein hoffnungsloser »Pflege-Fall« unserer Gesellschaft.

Nicht dass dieser Fall von allen als hoffnungslos angesehen wird. Eine Frage der Perspektive, scheint es. Der Pflegebereich ist zu einer beliebten Branche für Privatisierung und Rendite geworden. Die Gewinne wachsen in dem Maße, in dem die Pflege hilflos wird. Das Stiefkind der Gesellschaft ist der Sorge um das Geld ausgeliefert. Hier ist anscheinend alles erlaubt. Allen voran Gewinn durch Krankheit.

Dem wollen wir hier die Hoffnung entgegenhalten, dass die Pflege von der Gesellschaft nicht fallen gelassen wird, auch wenn in der Pflege niemand mehr dran glauben mag. Ihr Fall ist ja schon lange, sehr lange im Gange. Zu lange?

Eines ist klar: Wir müssen etwas anderes versuchen, etwas ganz anderes als das, was wir kannten, um das böse Ende, den Aufprall, noch zu verhindern. Denn wenn er kommt, steht uns ein böses Erwachen bevor. Nein: Dann wird es kein Erwachen mehr geben. Spätestens dann werden wir erkennen müssen, dass wir den Absturz, den die Pflege da erleidet, selbst erleiden.

Wer heute An- oder Zugehöriger ist, spürt das schon ganz deutlich. Denn es sind unsere Eltern und Großeltern, die der Pflege-Fall mit sich reißt. Es sind unsere Ehepartnerinnen und Ehepartner, unsere Freundinnen und Freunde. Das wissen viele, die in den letzten Jahren als Patienten ins Krankenhaus mussten. Der Pflege-Fall zieht uns alle mit sich. Er ist der unsrige. Sein Aufprall wird der unsrige sein.

Aber: »Hoffnung ist nicht die Überzeugung, dass etwas gut ausgeht, sondern die Gewissheit, dass etwas Sinn hat, egal wie es ausgeht.« So Václav Havel, der tschechische Dissident und spätere Präsident seines Landes.

Welchen Sinn jedoch könnte dieser Pflege-Fall haben? Vielleicht lässt er uns, weil wir ihn am eigenen Leib und an dem unserer Lieben spüren, endlich begreifen, dass diese Pflege unsere Pflege ist. Dass sie uns angeht. In einem ganz praktischen und elementaren Sinne. Dass wir als Menschen verletzliche Wesen sind. Und dass wir angewiesen sind auf die Sorge anderer. Dass wir als Menschen in Situationen geraten, in denen wir uns der Sorge anderer anvertrauen müssen.

Jede und jeder Einzelne hat das schon erlebt. Immer besorgter schauen wir der Zukunft entgegen, da vielleicht wir es sind, die Pflege benötigen werden. Nicht wenige Pflegende geben ihren Job auf, weil sie es so deutlich sehen. Mit jedem weiteren Tag in diesem Knochenjob wächst das Risiko, dass man ganz schnell die Seite wechselt. Pflege als Berufsrisiko. Doch die Pflegenden wollen nicht nur nicht so bald gepflegt werden müssen. Nein, sie wollen nicht so versorgt werden, wie sie es unmittelbar jeden Tag erleben.

Die Sorge um die Sorge wächst, und das Vertrauen schrumpft. Viele haben erleben müssen, wie ihr Vertrauen enttäuscht wurde. Wer vertraut sich heute noch ruhigen Blutes dem Krankenhaus an? Und wer hat noch wirklich Vertrauen in die Pflegeheime? Allzu viele Schreckensbilder über die Zustände dort haben sich ins kollektive Bewusstsein gebrannt. Und wie schwer ist es, so einen Vertrauensverlust wieder zu korrigieren? Auch das ist die Not der Pflege, dass ihr trotz der vielerorts vorhandenen Bemühungen um

Verbesserungen eine Kollektivschuld zugesprochen wird. Differenzierungen haben es schwer in der Zeit der Massenmedien und ihrer Suche nach dem nächsten, schlimmeren Skandal.

So haben Patientenverfügungen nicht zufällig Hochkonjunktur. Man wird sonst auf Gedeih und Verderb den Mechanismen der Gesundheitsmaschinerie ausgeliefert sein. Wenigstens das Lebensende möge unbehelligt von den kalten Gerät- und Machenschaften einer Versorgungsindustrie bleiben. Und nicht einmal das ist eine Garantie gegen den Pflege-Fall am eigenen Leib.

Da war diese Heimbewohnerin. Ihr ausdrücklicher Wunsch war es, im Heim zu sterben, wenn die Zeit gekommen sei. Sie hatte eine Patientenverfügung erstellt. Doch in der Nacht, als es ihr immer schneller immer schlechter ging, war eine Pflegekraft im Dienst, die nichts von einer Verfügung dieser Bewohnerin wusste. Oder einfach nicht daran dachte? Oder wagte sie es einfach nicht, ihrer Verantwortung anders gerecht zu werden, als durch den Ruf des Notarztes? Der höheren Instanz?

Der Notarzt kam, dann lief alles hochprofessionell ab, nach Standard: Einweisung ins Krankenhaus. Behandlung. Unterbringung. Beobachtung. Am Ende der einsame Tod im Krankenhaus. Die Angehörigen unter Schock. Damit müssen sie nun fertig werden. Tief betroffen auch die Pflegerinnen im Heim. Man kannte die Dame schon viele Jahre. Das hatte ihr niemand gewünscht. Hätte es eine Alternative gegeben?

Es steht zu befürchten, dass die professionelle Pflege, wie wir sie haben, längst als alternativlos angesehen wird. Und in Zeiten von Corona ist die Frage nach Alternativen und Spielräumen zu einer Frechheit geworden. Die professionelle Pflege führt ein strenges Regiment über Krankheit und Gesundheit. Noch immer, nach Jahren der Pandemie, verlangt und ermöglicht Corona, dass Besuche reduziert, reguliert, allzu oft sogar ganz ausbleiben müssen.

Eine Bekannte erzählt vom Sturz ihrer gebrechlich gewordenen

Mutter. Wie bei so vielen alten Menschen ging auch dieser Sturz mit einem Oberschenkelhalsbruch einher. Die Mutter wird ins Krankenhaus eingewiesen. Unmittelbar danach bricht auf der Station Corona aus. Auch die Mutter steckt sich an. Die Tochter wird informiert, sie darf erst einmal nicht zu Besuch kommen.

Es dauert fünf Tage, bis man aus so einer Quarantäne wieder »freigetestet« werden kann. Bis alle Bewohner wieder offiziell negativ sind. Fünf Tage. Ist das lang? Ist das eine überschaubare, zumutbare Zeit? Fragen, die sich nicht wirklich stellen. Es ist einfach die derzeit für solch einen Fall vorgeschriebene Zeitspanne. Die Pflegeheime und Krankenhäuser sind verpflichtet, sie einzuhalten. Sie sind auch verpflichtet in diesen Tagen vermehrt zu testen. Kittelpflege zu praktizieren. Also vermummt von Kopf bis Fuß. Maske. Handschuhe. Das ist Stress mit Ansage.

Die Tochter weiß, dass ihre Mutter schwer am Alleinsein tragen wird. Dass für sie diese Tage sehr lang sein werden. Sie kann sich ihr Unglück vorstellen. Das quält sie. Sie bittet darum, ihrer Mutter das Telefon zu bringen, dass sie mit ihr sprechen kann. Möchte ihr wenigstens auf diesem Wege zeigen: Ich bin da, ich denke an dich, du bist nicht allein.

Doch es herrscht ein strenges Regiment in Zeiten von Corona. Die diensthabende Schwester weist die Bitte ab. Auch einige ihrer Mitarbeiterinnen haben sich infiziert, fallen aus. Sie hält den Betrieb allein aufrecht. Wieder einmal Notbetrieb, der lässt einfach keine Zeit für Sonderwünsche. Denn nichts anderes ist in Zeiten von Corona dieser Wunsch nach einem kurzen Telefonat mit der Mutter: ein Sonderwunsch. Ein Luxus, den man sich nicht leisten kann.

Die Tochter verliert die Hoffnung. Glaubt, dass das Alleinsein ihrer ohnehin gebrechlichen Mutter den letzten Lebensmut nehmen wird. Muss fürchten, ihre Mutter nicht lebend wiederzusehen.

Gibt es eine Alternative zu all dem? Ist die Pflege noch zu retten? Eine große Frage, die wir nicht beantworten können. Noch nicht. Aber über Alternativen nachdenken, das wollen wir. Wir wollen verstehen, wie es zu solchen Erfahrungen kommen kann, immer wieder, viel zu oft. Und wir wollen darüber nachdenken, wie eine andere Pflege möglich wäre, in der solche Erfahrungen die Ausnahme bilden.

Eins ist uns gewiss: Es muss eine sehr andere Pflege sein. Eine ganz andere. Und dieses ganz Andere kann nicht aus der Pflege selbst kommen. Es muss von außen kommen, damit eine wirklich andere Pflege möglich wird.

Was heißt pflegen in unserer Gesellschaft?

Im Folgenden wollen wir versuchen, Pflege als etwas Vieldeutiges zu betrachten. Nicht eine eindeutige Zustandsbeschreibung ist unser Anliegen, also das, was Pflege an und für sich ist, sondern das, was Pflege in unserer Gesellschaft sein könnte. Und vor allem, was sie werden könnte. Fragen wir also: Wie gastfreundlich sind Pflegeinstitutionen? Sind An- und Zugehörige willkommen? Ist zivilgesellschaftliches Engagement willkommen? Umgekehrt muss auch gefragt werden: Wie gastfreundlich ist die Gesellschaft gegenüber Menschen, die Pflege benötigen? Wie offen sind wir alle für andere Vorstellungen von Pflege als nur professionelle? Es geht um die Vielfalt in der Pflege.

So kann die Frage »Was heißt pflegen?« auch als Frage nach einer Zukunft von Pflege und Gesellschaft verstanden werden, die sich sowohl in diese als auch in jene Richtung hin öffnen kann.

Pflegen kann ein ebenso großes wie schlichtes Versprechen sein: »Wir sind da. Ihr werdet nicht allein sein in eurer Not.« Das Versprechen, das die Pflege im Moment gibt, kommt dagegen eher einer Vorbereitung auf Enttäuschungen gleich: »Wir werden wahrscheinlich nicht da sein können, wenn ihr Hilfe braucht. Denn ihr seid viel zu viele, und wir sind viel zu wenige.«

Der gegenwärtige Blick auf den Pflegenotstand verheißt eine bange Zukunft. Dürfen wir von der Pflege denn überhaupt noch etwas erhoffen, oder müssen wir nicht vielmehr etwas von ihr befürchten?

Unvergessen ist in diesem Zusammenhang der dringende Rat, den eine Pflegedienstleiterin mir vor vielen Jahren erteilte. Wir hatten über einen Bewohner eines Pflegeheims gesprochen, der ins Krankenhaus eingewiesen werden musste. Dement, überhaupt nicht in der Lage, sich zu artikulieren, auf Gedeih und Verderb angewiesen darauf, dass die Pflegerinnen sich seiner annehmen. Die Erwartungen an die Versorgung im Krankenhaus waren im Heim jedoch gering. Immer wieder, so die Erfahrung der Pflegedienstleiterin, kämen Bewohnerinnen und Bewohner nach der Akutversorgung im Krankenhaus dehydriert und stark desorientiert zurück. Allzu oft und allzu schnell, so der Verdacht, würde der Personalmangel in den Krankenhäusern durch eine »Erhöhung des Bedarfs« ausgeglichen, das heißt durch die erhöhte Gabe von Beruhigungsmitteln. Das Krankenhaus, so die pessimistische Gesamteinschätzung der Pflegedienstleiterin damals, sei ein gefährlicher Ort geworden. Nicht nur für demente oder desorientierte Menschen. Es sei inzwischen einfach so: Wer eine Akutversorgung im Krankenhaus in Anspruch nimmt, der müsse dafür immer höhere Risiken der Fehlversorgung in Kauf nehmen. Daher ihr dringlicher Rat: »Gehen Sie nie alleine ins Krankenhaus! Nehmen Sie immer jemanden mit, der Ihnen im Notfall zur Seite stehen kann!« Welchen Notfall hat sie gemeint? Meinen? Oder den Notfall Krankenhaus?

So weit hat uns der Pflegenotstand gebracht. Wir brauchen einen Helfer oder eine Helferin, um Hilfe zu erhalten, die nicht allzu sehr schadet. Ist es das, was pflegen im Pflegenotstand heißt? »Verheißt« sie immer weniger? Nicht einmal mehr das Allernötigste? Ja, verheißt sie längst sogar ihr Gegenteil – nämlich Gefährdung? Was, wenn die Umstände es nicht erlauben, sich die notwendige Hilfe vorab zu organisieren?

Die Geschichte von Frau L.

Die achtzigjährige Frau L. erleidet am Vorabend von Weihnachten in ihrem Zuhause einen schweren Unfall. Ein offenes Bein, starker Blutverlust über viele nächtliche Stunden. Etliche Wochen liegt sie auf der Intensivstation. Und infiziert sich mit Corona. Keiner aus der Familie darf zu ihr, auch nicht ihre Tochter, auch nicht an den Weihnachtsfeiertagen, denn wegen Corona gelten strenge Besuchsverbote.

Wie durch ein Wunder überlebt Frau L. diese Wochen. Die Intensivpfleger tun alles ihnen Mögliche. Doch bedrohlich wird die Situation, als Frau L. auf die sogenannte Normalstation verlegt wird. Gab es auf der Intensivstation noch Pfleger oder Pflegerinnen, die die Familie immer wieder über den Zustand von Frau L. unterrichteten, so hört diese Kommunikation jetzt auf. Mit der Normalstation beginnt die totale Funkstille.

Unerträgliche Ungewissheit türmt sich auf. Nur einem Arzt in der Verwandtschaft gelingt es ab und zu, Fachkollegen ans Telefon zu bekommen. Er hilft auch der Familie, die für Laien unverständliche Fremdsprache der professionellen Versorgung zu übersetzen. Die Verlegung von Frau L. in die Rehaklinik wird geplant. Muss verschoben werden. Administrative Hürden im Krankenhaus. Eine Mischung aus Fehlplanung und Unterbesetzung.

Die Tochter beharrt: Es sei so wichtig, dass ihre Mutter eine Reha bekäme! Die Mitarbeiterin vom Sozialdienst reagiert genervt. Ein neuer Termin für einen neuen Transport. Dann endlich der Transfer und der Anruf aus der Rehaklinik: Die Mutter sei angekommen – aber in was für einem Zustand?! Sie sei ja beinahe verdurstet und so schmutzig, geradezu verwahrlost. Was die denn im Krankenhaus mit ihr gemacht hätten?

Die Nerven der Tochter drohen zu versagen. Nach vielen Wochen, in denen sie ihre Mutter nicht besuchen durfte, bekommt sie endlich die Möglichkeit dazu, mit Schutzanzug. Ihr Entsetzen, als sie sie vorfindet. Nurmehr die Hälfte der Person, die sie kannte, abgemagert, desorientiert, die einst kraftvolle Stimme ein schwacher Hauch. Aber: Sie hat überlebt.

Was hat sie überlebt? Den Unfall? Oder den Krankenhausaufenthalt? Die Grenzen verschwimmen. Was bleibt, ist eine tiefe, geradezu traumatische Enttäuschung. Das Ende der Täuschung, ein Krankenhaus sei ein Ort, an dem man gesund gepflegt wird. So einfach ist es leider nicht. Über die Wochen im Krankenhaus hat Frau L. das Schlucken verlernt. Um sie mit den notwendigen Nährstoffen und vor allem ausreichend Flüssigkeit zu versorgen, soll eine PEG-Sonde gelegt werden. Die Tochter wird vor die Entscheidung gestellt: PEG-Sonde oder das Risiko, dass ihre Mutter stirbt. Nie wollte diese von Geräten und Maschinen abhängig werden. Aber, so die Hoffnung der Tochter, vielleicht findet sie ja zurück in ihr Leben! Vielleicht braucht es die Sonde nur eine Zeit lang. Die Tochter stimmt zu, die PEG-Sonde wird gelegt.

Es gelingt, einen Platz in einem Pflegeheim zu bekommen. Frau L. gewinnt zusehends an Gewicht, die vertrocknete Haut wird allmählich wieder lebendig. Doch all ihre frühere Selbstständigkeit ist verloren. Essen, Trinken, das übernimmt die Sonde. Und das Bett verlassen, aufstehen oder gar laufen – nichts geht mehr. Seit dem Unfall sind beinahe drei Monate vergangen. Und doch kam alles so schnell. Das ganze gewohnte Leben ist auf den Kopf gestellt, Frau L. zum Pflegefall geworden. Pflegegrad 5. War es das jetzt?

Die Tochter sucht das Gespräch mit der Leitung des Wohnbereichs, auf dem ihre Mutter nun lebt. Wird ihre Mutter, die bis zu ihrem Unfall die Vitalität einer Fünfzigjährigen und nicht die einer Achtzigjährigen hatte, die Auto gefahren, Turnen gegangen ist, die es liebte, ihre Kinder und ihre Enkel bei sich zu versammeln und zu bewirten, die eigentlich in allem schneller und kraftvoller war als andere, wird sie jemals wieder gehen lernen? Wird sie ihre Mobilität wenigstens in Teilen wieder zurückerlangen können? All diese Fragen zielen auf das, was die Pflege in der Zukunft für ihre Mutter heißen könnte. Sie beide, Mutter und Tochter, schwanken zwischen Bangen und Hoffen.

Wie lautet die Antwort der Wohnbereichsleiterin? »Sie wollen zu viel. Garantieren kann ich Ihnen zwei Mobilisierungen pro Woche.«

Zwei Mobilisierungen wöchentlich. An zwei von sieben Tagen. Das garantiert eine dürftige Zeit. Fünf Tage in der Woche wird Frau L. im Bett verbringen. Hieße mehr verlangen wirklich zu viel verlangen? Angesichts des Pflegenotstands: ja. Die Tochter sieht mit an, wie ihre Mutter von Woche zu Woche zwar an Gewicht zulegt, wie sie aber als Person dahinschwindet. Ihr einst strahlender Blick verblasst und wird trüb. Ja, Frau L. wird versorgt. Mit dem Nötigsten. Aber eben auch mit immer neuer Not.

Mit ihrer Not, ihrem Hoffen und Bangen strapaziert die Tochter eine Pflege, die solche Sentimentalitäten professionell hinter sich lassen will. Ansprüche sind nicht erwünscht. Der Angriff wird zur besten Verteidigung, nach dem Motto: »Glauben Sie bloß nicht, dass Sie von uns was erwarten dürfen. Die Grenzen des Machbaren sind eng. Und das Machbare definieren wir.« Im Grunde ist diese »Garantie« der zwei Mobilisationen pro Woche eine Bankrotterklärung, ein Eingeständnis, dass die Pflege am Ende ist. Total geschwächt.

Es scheint, als scheue sich die Wohnbereichsleiterin, die drängenden Probleme der Pflege zuzugeben. Wäre es nicht möglich, der Tochter die Hintergründe zu erklären? Will sie nicht? Darf sie nicht? Kann sie es nicht? Schon gar nicht gegenüber einer Angehörigen? Wo würde das hinführen, mit Angehörigen auf Augenhöhe über den Pflegenotstand zu sprechen?

Es wäre ein erster Schritt in Richtung einer Caring Society, doch die Antwort der Wohnbereichsleiterin verhindert das. Anstatt die bestehende Not einzugestehen, wird Härte demonstriert. Jedes Gespräch über Hoffnung oder Befürchtung, jede Frage, was Pflege in einem umfassenden Sinne heißen könnte und was nicht, wird von Anfang an verhindert. Wer es dennoch wagt, wird abgeschmettert. Dass man es kein zweites Mal wagt!

Die von der Wohnbereichsleiterin gegebene »Garantie« muss ganz deutlich unterschieden werden von dem, was Pflege im Sinne einer Verheißung heißen könnte.

Die Mobilisierung der Pflege

So zielt die Frage, was pflegen heißt, immer auch auf das, was die Pflege in Bewegung versetzen, was sie verändern will und verändern kann.

Aber diese Frage ist mehrdeutig. Sie kann in zwei Richtungen gelesen werden: Als Frage danach, wie und wodurch die Pflege in Bewegung versetzt werden kann. Aber sie kann auch gelesen werden als die Frage nach dem, was *durch* die Pflege in Bewegung versetzt werden kann. Im ersten Fall ist die Pflege der Gegenstand einer Bewegung, im zweiten ihre Antriebskraft. Und genau hier können wir einen Ansatz zur Rettung der Pflege finden. Kann die Pflege selbst so mobilisiert werden, dass sie aus ihrer eingeschränkten Beweglichkeit, die nur noch in Richtung Abgrund weist, befreit wird? Und kann von einer veränderten Pflege eine Bewegung ausgehen, die über sie selbst hinausgeht und unsere Gesellschaft in eine andere Richtung bewegt?

Mit einem Mal verleiht die mehrdeutige Frage, was pflegen heißt, der Pflege eine viel größere Dimension. Eine Veränderung der Pflege ist nicht denkbar, ohne dass Pflege zugleich gesellschaftlich verändernd gedacht wird. Wir müssen Pflege in ihrer Bedeutung für die Gesellschaft und die Gesellschaft in ihrer Bedeutung für die Pflege befragen. Unser Verständnis von Pflege muss sich erweitern. Deshalb schlagen wir vor, Pflege im Sinne von »Care« zu bedenken.

Dieser Begriff ist nicht einfach ins Deutsche zu übersetzen, aber er meint mehr als professionelle Pflege. Die amerikanische Politikwissenschaftlerin Joan Tronto hat Care als eine gesellschaftspolitische Aufgabe beschrieben. Sie nennt fünf zentrale Aktivitäten von Care: Anteil nehmen, unterstützen, versorgen, Sorge empfangen und »treu innerhalb einer demokratischen Gesellschaft sorgen, miteinander engagiert sorgen«.[15] Übersetzen wir Care der Einfachheit halber vorerst als eine umfassende Sorgepraxis. Pflege erweitert sich von dem bisher geltenden professionellen Verständnis zu einer Sorgepraxis, die gesellschaftlich zu denken und zu tun ist.

Die Pflegenden werden protestieren: »Auch das noch! Muss das sein? Wir haben doch eh schon Notstand!« Ja. Eben drum. Weil beides, Gesellschaft und Pflege, nicht voneinander getrennt ist. Die fortdauernde Trennung der beiden führt uns tiefer in die Sackgasse Pflegenotstand hinein. Deshalb argumentieren wir für eine Caring Society. Die Gesellschaft ist nicht ohne Pflege zu denken. Und Pflege nicht ohne Gesellschaft. Erst ihr Zusammenspiel macht eine Caring Society möglich, in der Pflege und Gesellschaft einander bewegen und verändern. Auch das kann pflegen heißen.

Die sterbende Flamme der Empathie

Pflegende haben Videos auf TikTok veröffentlicht, in denen Pflegebedürftige verhöhnt werden. Videos, in denen sich Pflegekräfte Nutella ins Gesicht schmieren und so Inkontinente imitieren. Man wendet sich in Abscheu ab.[16]

Es ließen sich Seite um Seite mit Skandalberichten füllen, wie es Claus Fussek über Jahrzehnte getan hat.[17] Der Fingerzeig auf die Skandale ist notwendig. Aber geändert hat sich nichts wirklich. Im Gegenteil. Wir haben das bedrückende Gefühl, dass eine noch schlimmere Pflege uns schon erwartet. Ob im Krankenhaus oder im Heim, ob als selbst Betroffene oder als Angehörige. Den nächsten Skandal werden wir wohl aus der Ich-Perspektive schreiben können.

Wie konnte es so weit kommen? Was folgt daraus, wenn man die endlose Kette der Skandale, der Misshandlungen und Vernachlässigungen wie einen Gebetskranz durch die Finger gleiten lässt? Man kann sich empören. Man kann seine Empörung geradezu genießen. Aber die eigentliche Frage ist doch, wieso das überhaupt geschieht.

Was bringt Pflegekräfte und pflegende Angehörige dazu, gewalttätig zu werden? Es hilft wenig, auf den einzelnen Schuldigen zu blicken: Den kann man anklagen, entlassen, bestrafen. Die Pose der Aufdeckung produziert Zorn, aber keine Veränderung. Dieses unser Buch soll deshalb kein Aufdeckungsbuch à la Team Wallraff sein. Was geschehen ist und was jetzt geschieht, ist der Endpunkt einer Entwicklungsgeschichte.

Der Philosoph Charles Eisenstein hat schon am Beispiel der Klimakatastrophe deutlich gemacht, dass es nichts bringt, nach einzelnen Schuldigen zu suchen und dann einen Krieg gegen diese zu beginnen. Wir müssen vielmehr die Ursachen hinter der Klima- ebenso wie der Pflegekatastrophe in den Blick nehmen, die in der Geschichte weit zurückliegen. Wenn wir verstehen, wie es soweit kommen konnte, können wir auch erkennen, wo Lösungen zu finden sind.

Eisenstein ruft die Geschichte einer Trennung in Erinnerung. Diese Geschichte besagt: Du bist ein getrenntes Individuum, ein getrenntes Selbst, und weil du von mir getrennt bist, hat deine Freude oder dein Schmerz nichts mit mir zu tun. »Wenn du krank bist, kann es mir gut gehen. Passiert dir ein Unglück, ist mir das egal, solange ich verhindern kann, dass es sich auf mich auswirkt. Wenn du in Armut lebst, verzweifelt, hungrig oder verärgert bist, geht mich das nichts an, solange ich eine ausreichend hohe Mauer baue, um dir den Zugang zu verwehren.«[18]

Diese hohe Mauer ist unsere Realität. Sie erschafft Institutionen. Nicht nur die stationären, auch die ambulanten. Es ist die Mauer der Professionalisierung, die eine Trennung zwischen denen errichtet, die es können und dürfen, und denen, die es vermeintlich nicht können und nicht dürfen. Wer »draußen« lebt, muss von der Realität des entwürdigenden Pflegealltags nichts zur Kenntnis nehmen. Die Welt der Gesunden und die Welt der Hinfälligen ist radikal getrennt. Das hat es so in der Geschichte der Menschen noch nie gegeben.

Im Alltag der ambulanten und stationären Pflege ist es etwas schwieriger, die Trennung aufrechtzuerhalten. Aber es geht. Und je jünger die Pflegenden sind, desto radikaler wird offenbar die Trennung gelebt. Die Älteren erinnern sich noch an Momente der Einfühlung und hüten diese sterbende Flamme der Empathie. Da wird mit leuchtenden Augen erzählt, wie man früher nach Dienstende noch zusammengesessen – ja, zusammen mit Bewohnerinnen und Bewohnern – und ein Gläschen Wein getrunken habe. Altpfleger sagen: Die nächste Generation macht das nicht mehr, die macht ihren Job und basta.

Und wenn wir alle Pflegeheime schließen?

Versuchen wir uns vorzustellen, dass Pflege gänzlich anders sein könnte. Wir sehen eine Welt vor uns, in der das Rad der Geschichte zurückgedreht ist. Oder eine zukünftige Welt, die das gegenwärtige Altersgrauen hinter sich gelassen hat: Geschlossen sind all die

Heime, in denen alte Menschen in Versorgungsschubladen steckten. Schubladen wie die Stahlkästen in den Leichenkammern. Das Pflegebett nimmt die Pritsche in der Kühlkammer vorweg.

Ich, Reimer Gronemeyer, habe schon in so einem Bett gelegen, in einer großen Pflegeeinrichtung irgendwo in Baden-Württemberg. Ich sollte dort einen Vortrag halten, der für 14 Uhr angesetzt war. In aller Herrgottsfrühe war ich in den Zug gestiegen und nun ganz müde. Ich fragte die reizend-gastfreundliche Pflegedienstleiterin, ob ich mich vor meinem Vortrag noch einen Augenblick an einem ruhigen Ort hinlegen könne. Ich fuhr, so war mir bedeutet worden, mit dem Lift in den dritten Stock. Demenzstation. Brabbelnde, apathische, kichernde, schimpfende alte Frauen und Männer. Ich war sofort hellwach und suchte die innere Distanz: »Das ist nicht meine Zukunft, schon gar nicht meine Gegenwart. Ich bin über achtzig, aber natürlich topfit, so sehe ich es jedenfalls.«

Dann wurde mir von einer liebenswürdigen Pflegekraft ein Zimmer aufgeschlossen, frisch gereinigt das Zimmer, das Bett. Wahrscheinlich ist der Bewohner gerade gestorben, dachte ich. Eine Willkommenskarte stand neben der Mineralwasserflasche auf dem Nachttisch. Ich legte mich wie steifgefroren auf das Bett. An Entspannung war nicht zu denken. Die Geister derer, die da draußen vor meiner Tür im Rollstuhl, am Rollator, in der Sesselecke dämmerten, drangen durchs Schlüsselloch.

Zwei Gefühle meldeten sich gleichzeitig in mir. Erstens: Das kann dir nie passieren. Zweitens: Das kann dir morgen passieren. Mein Vortrag, den ich nach dieser Gespensterpause hielt, war, glaube ich, etwas melancholisch gefärbt. Unvergesslich aber ist, dass zum Schluss der Veranstaltung eine kleine Kapelle von Ärztinnen und Ärzten kraftvoll und schallend Musik machte. Ich weiß noch, als wäre es gestern gewesen, dass sie »Marmor, Stein und Eisen bricht, aber unsere Liebe nicht …« spielten. Das Publikum sang aus voller Kehle mit. Ich auch – und es war, als würden wilde

Lebenskräfte in mich zurückströmen. Kein Kirchenlied hat mich je mit so viel Lebenskraft erfüllt.

Wer alt ist und pflegebedürftig, landet bei uns heute in der radikalen Vereinzelung. Im Einzelzimmer oder im Dreierzimmer, egal. Das Schicksal, das auf uns wartet, wenn wir hinfällig sind, heißt Isolation von allem. Da steckt keine Verschwörung dahinter. Es ist der exaltierte Ausdruck einer völlig ratlosen Gesellschaft, die jahrzehntelang an der Vollendung der Individualisierung gearbeitet hat; die wie besessen alles Gemeinschaftliche und Verbindende zerschlagen hat und nun in der Pflegeisolierung gestrandet ist.

Am Schluss dieses Zerstörungsprozesses kehrt sich die Selbstoptimierung, in die wir getrieben wurden, wie ein wildes Tier gegen uns. Die Vollendung der Vereinzelung im Pflegeheim ist nicht mehr zu überbieten. Die Endstation unseres Lebens ist unsere totale Individualisierung bei gleichzeitiger totaler Abhängigkeit. Der Single, der wir gern sein wollten, ist hier zur Karikatur geworden.

Was diese Gesellschaft ist, wohin sie driftet, das offenbart sich heute am deutlichsten in einem Pflegeheim. Man muss sagen: Das Pflegeheim ist die heimliche Hauptstadt dieser Gesellschaft. Schaut euch das an und ihr wisst, wo wir sind. Jeder kann da sehen, wohin wir driften. Da will keiner hin, aber wir landen fast alle dort.

Alle ahnen, dass wir in die falsche Richtung gegangen sind. Die Betroffenen zuerst, die Angehörigen, die Pflegenden, aber wo ist der Ausgang? Es ist ein Wagnis ohnegleichen, sich eine Welt ohne diese Heime vorzustellen. Oder ohne die bezahlten, ambulanten Pflegedienste, die ja die Idee des Heims in die ganze Welt, in jede Straße, in jede Wohnung tragen. Stationär oder ambulant, wir können uns eine Alterswelt ohne den profitablen Dienstleistungsapparat nicht mehr vorstellen.

2.

Was passiert? – Die Pflege als Spiegel unserer Zeit

Eine Krise kommt selten allein

Die Krise der Pflege ist nur eine von vielen Krisen unserer Zeit. Zufall? Oder Zeichen einer Zeit, die aus den Fugen ist, an allen Ecken und Enden? Was haben diese Krisen miteinander zu tun? Wie zeigt sich die Pflegekrise im Spiegel der Krisen unserer Zeit?

Die Folgen der Corona-Pandemie

Unter all den Krisen unserer Zeit ist die Corona-Krise diejenige, die am ehesten eine unmittelbar pflegerische Krise wurde. Sie hat unser Verständnis von Pflege auf den Kopf gestellt. Begegnungen, Nähe, Besuche, leibhaftig spürbare Mitmenschlichkeit, ja, Berührungen aller Art galten plötzlich nicht mehr als förderlich für das Wohlbefinden, sondern als gefährlich. Lebensgefährlich. Plötzlich wurden pflegerische Fragen nicht mehr im Dialog mit sozialen Fragen der Teilhabe verhandelt, sondern in scharfer Konkurrenz. An die Stelle eines Miteinanders von Pflege und Sozialleben rückte ein strenges Entweder-oder. Und die Antwort war klar: Sicherheit statt Begegnung. Gesundheit statt Wohlbefinden. Kontakte mussten vermieden werden. Die Heime machten dicht. Und die Angst wuchs.

Unvergessen sind die Schreckensmeldungen zu Beginn der Pandemie, als das Virus binnen weniger Wochen in Pflegeheimen überall in Deutschland Hunderte das Leben kostete. Pflege als eine ganzheitliche Versorgung der Menschen verkümmerte zu einer biologischen Gewährleistung des nackten Überlebens. Und das über Jahre. 2022, im dritten Jahr der Pandemie, war immer noch kein Ende in Sicht.

Die Pflegekrise durch Corona droht vergessen zu werden. Längst ist der anfängliche Applaus für die Pflege verhallt. Während die Gesellschaft nach und nach alte Freiheiten wiedererlangt, während sie wieder Feste feiern und das gemeinschaftliche Leben wiederaufnehmen kann, regiert in den Pflegeheimen immer noch das Infektionsschutzgesetz. Aus einer zeitweilig notwendigen Sonderbehandlung der »Risikogruppe« der Alten wird schnell ein Dauerzustand. Das Damoklesschwert der Kontaktbeschränkungen hängt tief. Und immer wieder wird es gezückt.

Das Misstrauen in das Gegenüber ist groß. Wer hält sich an die Regeln? Wer könnte das Virus ins Heim tragen? Das hat Spuren hinterlassen. Sicherheit um jeden Preis. Kontrolle statt Vertrauen. Begegnung als Risiko. Die neuen Gebote von Abstand und Hygiene prägen das Zusammenleben. Und sie verbieten es, wann immer es die Sicherheit verlangt. Wer ist mein Nächster? Wer ist meine Nächste? Ein potenzieller Virusüberträger. Corona als eine Krise der Berührung hat sich zu einer Krise der Berührbarkeit entwickelt.

Die Pflege droht, in längst überwunden geglaubte Zeiten von »satt und sauber« zurückzufallen. Und die Gesellschaft feiert die allmähliche Rückkehr in die Freiheit anderswo. Das geht leicht. Hat man doch durch die Institutionalisierung der Pflege Orte geschaffen, die sich nicht nur abschotten, sondern auch vergessen lassen. Nie waren die Gräben zwischen Pflege und Gesellschaft so breit und so tief wie in Zeiten von Corona.

Handlungsunfähig angesichts all der Krisen?

Die Corona-Pandemie ist jedoch nicht die einzige Krise, die uns in Atem hält. Wir leben in einer Zeit der multiplen Krisen, und genau das scheint uns manchmal handlungsunfähig zu machen, wissen wir doch nicht, welches der Feuer zuerst gelöscht werden soll.

Kurz nach Corona beherrschte der Krieg in der Ukraine die Schlagzeilen, und durch den Konflikt mit Russland wurde uns wiederum, wenngleich auf andere Weise, bewusst, wie fragil die bestehenden Systeme sind.

Krieg ist nicht mehr nur ein Geschehen in mehr oder weniger weit entfernten Ländern. Auch in Europa herrscht wieder Krieg. Und wir sind nicht einfach außen vor. Der Krieg in der Ukraine hat bislang sieben Millionen Menschen zur Flucht gezwungen.[19] Weltweit sind derzeit über einhundert Millionen Menschen auf der Flucht vor Hunger, Krieg und Unterdrückung.[20] Manch einer meint, gerade darin könne doch auch eine Chance für unsere Pflege liegen: Viele versuchen nach Deutschland zu kommen. Die Pflege hofft derweil auf neue Arbeitskräfte aus den Reihen der Flüchtlinge. Eine Win-win-Situation, scheint es.

Aber kann man das guten Gewissens sagen? Das Ganze hat einen schalen Beigeschmack. Seit Jahren schon rekrutiert die Pflegebranche ihre Mitarbeiterinnen mehr und mehr aus Ländern, wo die soziale und wirtschaftliche Not so groß ist, dass man für den besseren Verdienst im fernen Deutschland seine Heimat verlässt. Längst könnten weder der ambulante noch der stationäre Pflegebereich ohne die Pflegerinnen aus aller Welt zurechtkommen. Doch zu welchen Bedingungen?

Und nicht nur in dieser Hinsicht wirkt sich das globale Zeitgeschehen auf unsere Gesellschaft aus. Der Krieg in der Ukraine führte zu einer Krise, die ebenfalls Auswirkungen vor allem auf die Schwächsten der Gesellschaft hat: Das Gas wurde knapp, die

Energieversorgung schien plötzlich nicht mehr gesichert. Seit Aufkommen der Industrialisierung gewinnen wir Energie fast ausschließlich aufgrund des Wandlungsprozesses fossiler Rohstoffe in nutzbare Energien. Das ging lange scheinbar gut. Wir hatten Strom, Gas und Öl. Doch jetzt fragen sich viele Menschen, ob sie es sich in zukünftigen Wintern noch leisten können, ihre Wohnungen zu heizen. Und wer kann die sowieso schon teuren Pflegeplätze noch bezahlen, wenn die immensen Preissteigerungen bei Strom und Gas auf die Bewohner und ihre Angehörigen umgelegt werden? Mit Schrecken liest man die neuesten Beitragsbescheide aus den Heimen.

Pandemie, Krieg und Energiekrise sind drängende Herausforderungen für unsere Gesellschaft. Ebenso wie der Klimawandel, der das Leben auf unserem Planeten insgesamt bedroht. Jede vierte Säugetierart, jede achte Vogelart und fast die Hälfte aller Amphibien sind heute vom Aussterben bedroht. Immer mehr wächst die Überzeugung, dass dies eine Folge der menschlichen Nutzbarmachung von allem und jedem ist. Der Mensch hat den Planeten Erde voll und ganz im Griff – und quetscht ihn auf Kosten seiner Mitkreaturen aus. Eine anthropozentrische Monokultur, die am Ende unser aller Lebensgrundlage bedroht. Auch die Pflege ist auf dem Weg zu einer professionalisierten Monokultur. Früher einmal übliche familiäre, nachbarschaftliche und zivilgesellschaftliche Pflegekulturen verkümmern immer mehr, werden an den Rand gedrängt oder als neue Erwerbssparte im Dienstleistungssektor assimiliert. Allzu oft wird das drängende Problem der Pflege der Gemengelage der globalen Notfälle übersehen. Dabei läuft uns langsam die Zeit davon, und von allein wird sich die Pflegekrise nicht bessern.

Senizid – Die Rückkehr der Altentötung

Aber – so mag man einwenden: In »primitiven« Gesellschaften sind doch die alten Menschen oft umgebracht worden, wenn sie nicht mehr nützlich waren. Bei uns dürfen sie in den Fluren teurer Pflegeheime unterwegs sein, das ist doch wohl ein Fortschritt!

Schauen wir in der Geschichte zurück. Die Erzählung könnte damit anfangen, wie die Alten eines Tages zur Last werden. Die Männer bringen kein Fleisch mehr. Sie können den Bogen nicht mehr spannen, sie sind nicht mehr schnell genug für die Jagd oder sie sehen nicht mehr gut. Die Frauen haben steife Hände, sie können nicht mehr flechten und sind uninteressant geworden für die Männer. Es wird zu schwer, den alten Menschen auf der Wanderung durch den Wald mitzuschleppen. Man baut ihm ein Dach aus Palmblättern, lässt ihm ein wärmendes Feuer und etwas Gutes zu essen, zum Beispiel einen Topf Honig. Dann zieht die Gruppe ohne ihn weiter …

So wird von den Aché berichtet, einem kleinen Volk, das in Paraguay lebt.[21] In den Achtzigerjahren des vergangenen Jahrhunderts hatten noch etwa eintausend von ihnen überlebt. Sie ernährten sich von der Jagd und von wilden Früchten, bis die Abholzung der Wälder ihre Kultur und ihr Leben vernichtete.

Die Gesellschaft der Aché, wo es sie noch gibt, gliedert sich nach Geschlecht und Alter. Die Geschlechts- und Altersgruppen haben eigene soziale Aufgaben – schon das Kind im Mutterleib, noch nicht ganz Mensch, ist ein wichtiges Mitglied der Gesellschaft. Ihm werden übermenschliche Fähigkeiten zugeschrieben: Demnach kann es weissagen, Unsichtbares und Vergessenes wahrnehmen. Die Mutter könne die Bewegungen des Kindes in ihrem Leib deuten und erfährt von ihm, wo Wild zu jagen ist. Es heißt, das Kind sei so klug, weil es seine Seele aus dem Wald bekomme. Dort habe die Seele des Kindes die Seelen der Vorfahren in sich aufgenommen.

Die Alten – Männer wie Frauen – genießen Privilegien beim Essen und in der Sexualität. Sie dürfen alles essen, nachdem sie vorher viele Essenstabus in den verschiedenen Lebensstadien zu beachten hatten. Sie haben Zugang zu den beliebtesten Sexualpartnern: Die älteren Männer gehen Verbindungen mit den jungen Mädchen und Frauen ein, die alten Frauen trösten die jungen Männer, die deshalb keine Mädchen finden.

Die Geschichte der Tötung alter Menschen in nomadischen Gesellschaften ist vielfältig und ethnologisch gut dokumentiert. Aus Japan wird berichtet, dass die Menschen in manchen Gebieten einst so arm waren, dass die Alten geopfert wurden, damit die anderen überlebten. Man brachte sie auf sogenannte »Totenberge« und setzte sie dort aus.

Dieses Schicksal – so erzählt Simone de Beauvoir – war auch O Rin zugedacht, einer fast siebzigjährigen Frau, die von ihrem Sohn Tappi sehr geliebt wurde. Auf der Straße erklang der Nayarama-Gesang, der den Alten bedeutete, dass die Zeit ihrer Pilgerschaft näher rückte. Am Vorabend des Totenfestes riefen diejenigen, die zum Berg gehen mussten, alle Leute des Dorfes zusammen, die ihre Eltern schon zum Berg gebracht hatten. An diesem einzigen großen Festtag des Jahres wurde weißer Reis gegessen und Reiswein getrunken.

»Auch O Rin entschied sich, den Gang zum Totenberg in diesem Jahr anzutreten. Sie war zwar noch kräftig, sie arbeitete und hatte sogar ihre Zähne behalten. Aber das bekümmerte sie, denn wenn die Nahrung knapp war, empfand man es als Schande, im hohen Alter noch alles essen zu können.« O Rin war deshalb von ihren Enkeln verspottet worden, woraufhin sie sich zwei Zähne mit einem Stein herausbrach. Am Morgen setzte sie sich auf ein Brett, und ihr Sohn trug sie darauf. »Sie verließen den Ort heimlich, wie es die Sitte vorsah, und sprachen kein Wort mehr miteinander. Der Sohn setzte schließlich die Mutter ab, mit nichts als einer Matte und einem Reisklumpen. Sie sagte kein Wort und vertrieb den Sohn mit heftigen Gebärden. Er entfernte sich weinend.«[22]

Von Sibirien bis nach Indonesien war die Praxis des »Senizids« in armen Gesellschaften, insbesondere bei Nomaden, weit verbreitet. Gruppen, die auf dem Wege waren, blieb oft nichts anderes übrig, als sich derer zu entledigen, die dem nomadischen Leben nicht mehr gewachsen waren.

Das ist eine Betrachtung, die zum Klischee verlockt, einem Klischee, das besagt: Alte Menschen, die krank oder hilflos geworden sind, sind in nomadischen Gesellschaften der Härte des Alltags und dem Kampf ums Überleben zum Opfer gefallen. Die moderne Wohlstandsgesellschaft dagegen verfügt über die Mittel, hinfällige Alte vor dem nomadischen Schicksal der Aussetzung, der Altentötung oder der Vernachlässigung zu bewahren.

Es zeigt sich indessen schnell, dass die Wirklichkeit eine andere ist. In Mitteleuropa setzt sich gegenwärtig der Gedanke des assistierten Suizids durch, in den Niederlanden und Belgien ist sogar Euthanasie möglich – gewissermaßen eine modernisierte Form des Senizids. Im Grunde kehrt die Altentötung als medizinische Dienstleistung wieder.

Die Verlängerung des Lebens führt in den modernen Industriegesellschaften zu gewaltigen Verschiebungen in der »Alterspyramide«, die keine Pyramide mehr ist, sondern eine Art Pilz. Die Zahl der Alten überwiegt die Zahl der Jungen, und damit wächst auch die Zahl der Pflegebedürftigen. In Mitteleuropa hat das inzwischen einen Pflegenotstand zur Folge, die Zahl der Pflegebedürftigen nimmt rasch zu, während die Zahl der Pflegenden im Vergleich dazu sinkt. So konfrontiert uns das hohe Alter mit einer neuen massenhaften Form des Altenelends, man muss dazu gar nicht auf die zahllosen Pflegeskandale Bezug nehmen. Allein das Schicksal Hunderttausender, die in personell schlecht ausgestatteten Einrichtungen mehr verwahrt als versorgt werden, schiebt das hohe Alter in Richtung Senizid.

Der amerikanische Autor James Lawrence Powell schreibt in *2084. Eine Zeitreise durch den Klimawandel*[23], die künftig zu erwartenden extrem heißen Sommer ließen den Wunsch nach assistiertem Suizid oder Euthanasie bei alten Menschen exponentiell anwachsen. Der Senizid als Massenphänomen und als Klimafolge. Aus dem Knochen, mit dem sibirische Jakuten einst die zur Last gewordenen Alten erwürgten, wird – folgt man Powells dystopischen Szenarien – eine ersehnte gesellschaftlich organisierte Dienstleistung, die als Massenware auf den Markt kommt.

Dass die senizidale Brutalität in nomadische Gesellschaften gehört, und die modernen Wohlstandsgesellschaften mit ihrem Reichtum diese Vorform des Humanen überwunden haben, stellt sich als eine Illusion heraus. Schon jetzt, da Powells 2084 noch weit entfernt ist, lässt sich die These wagen, dass es nie so viel Senizid gab wie heute. Er kommt wie gesagt nicht mit dem Eisbärknochen daher, sondern mit dem Giftcocktail, als terminale Sedierung oder als Vernachlässigungspflege.

Der Senizid hat eine medizinisch-technische Gestalt angenommen und könnte heute »Medizid« heißen. Oft ist es das, was sich hinter der Diagnose »Dehydrierung«, »Depression« oder Vergleichbarem verbirgt.[24] In Kanada begann man 2021, »medizinische Sterbehilfe« auch auf Menschen mit Behinderungen auszuweiten.[25] Im Grunde bedürfte es – so kann man folgern – schon bald einer Organisation mit dem Namen »Senizidwatch«: eine zivilgesellschaftliche Organisation, die den wachsenden Druck auf Alte, sich aus dem Leben zu verabschieden, dokumentiert und kontrolliert.

Je deutlicher der neoliberale Staat seine Daseinsfürsorge schrumpfen lässt, desto mehr erhärtet sich der Verdacht, der assistierte Suizid oder die Euthanasie solle alten Menschen als angemessene Antwort auf Lebenssituationen suggeriert werden, in denen ein würdiges Leben nicht mehr möglich ist. Der sanfte, aber deutlich zunehmende Selbstbeseitigungsdruck dürfte mit den kommenden ökonomischen und sozialen Krisen steigen.

Hierzu passt das Urteil des Bundesverfassungsgerichts von 2020, durch welches das Recht auf assistierten Suizid gestärkt wurde. Bei der Urteilsbegründung verwies das Gericht vor allem auf die Autonomie der Sterbewilligen. So ist ein Argumentationspfad gelegt, der den Senizid in das Innere der Betroffenen verlegt und den Sterbewunsch nicht mehr gesellschaftlich zurückbindet und reflektiert, sondern zur individuellen, gesellschaftsfreien Zone erklärt.[26]

Der Senizid ist nicht das »Ende der Geschichte« überhaupt, wohl aber das Ende der Geschichte für das Individuum. Schaut man auf die Geschichte des Homo sapiens zurück, dann ist diese Geschichte vor allem eine Geschichte des nomadischen Menschen.[27] Die Sesshaftwerdung ist ein spätes Ereignis in dieser Geschichte. Stellt man sich eine Uhr mit zwölf Stunden vor, dann sind es in den vielen Stunden des Homo sapiens die letzten Minuten und Sekunden dieser zwölf Stunden, in denen der nomadische Mensch sesshaft geworden ist. Hunderttausende Jahre, in denen der Mensch nomadisch lebte, haben den Planeten nicht beschädigt. Aber die kurze Phase der Sesshaftwerdung, an deren Ende wir zu stehen scheinen, hat es geschafft, das Überleben des Homo sapiens in Frage zu stellen.

Wie es den alten Menschen in den vergangenen nomadischen und den gegenwärtigen sesshaften Zeiten erging, ist nicht nur von humanistischem Interesse. Man könnte die umgekehrte These wagen: Wer auf den Umgang mit hinfälligen Alten schaut, der erfährt alles über die Humanität und Inhumanität einer vorherrschenden Gesellschaftsform. Die Gegenwartsgesellschaft, zunehmend eine Krisengesellschaft, scheint im Begriff zu sein, den Senizid zum Instrumentarium der Krisenbewältigung zu machen. Noch wird vor allem darüber gesprochen, den eigenen Wünschen der Betroffenen gerecht zu werden. Aber eine krisengeschüttelte Gesellschaft, die zugleich meint, unter einem »Altenberg« zu leiden, kann jederzeit von der freundlichen Aufforderung zu einer Ausdrucksweise übergehen, bei der aus dem sanften Druck eine dringliche Aufforderung wird.

Es gilt wohl, das gängige Klischee zu revidieren, das den Fortschritt der modernen Wohlstandsgesellschaft preist und das Elend einfacher Gesellschaften (den Senizid eingeschlossen) bildreich ausmalt. Das ist nur möglich, solange jener Fortschrittsglaube das Denken beherrscht, der die dunklen Seiten des Fortschritts systematisch übersieht.[28] Es ist daran zu erinnern, dass zur Moderne auch die faschistische Moderne gehörte, in der der »völkische« Gedanke umstandslos zur Tat Anlass gab. Hinfällige pflegebedürftige Alte wurden – ebenso wie Behinderte – zur Vernichtung »freigegeben«.

Die Vorstellung, dass moderne Gesellschaften den Senizid überwunden haben, ist trügerisch. Mit der Zunahme der Lebenserwartung, mit der Zunahme von Krisen kehrt der Senizid als käufliche Dienstleistung wieder, die flächendeckenden Charakter annehmen könnte. Und diese Befürchtung verstärkt sich, bedenkt man die dramatischen Herausforderungen in Folge von Klimakatastrophen, die zumindest Teile der globalen Gesellschaft zu Gesellschaften auf der Flucht machen wird.

Die Alternativen zum Senizid liegen vermutlich nicht im Mehr an Versorgung, nicht in einer Richtung, die dem Wachstumsmodell folgt. Wie das aussehen könnte, zeigt der erfolgreiche und eindrucksvolle amerikanische Film *Nomadland* (2020). Er beschreibt jenen Teil der amerikanischen Gesellschaft, der die ausgesonderten, ausgemusterten Menschen betrifft. Menschen, die in Wohnwagen leben, die sich kein Haus mehr leisten können oder wollen. Unter ihnen: eine alte Frau, die all ihre Habe an die anderen Habenichtse verschenkt und sich aufmacht in den Norden der USA, an den Ort, wo sie glücklich war, um dort zu sterben. Es ist, als würden alte nomadische Traditionen in uns schlummern und wieder auftauchen – jetzt, wo die Scheinsicherheit der Wohlstandsgesellschaft fragwürdiger erscheint denn je.

Wider die Monokultur in der Pflege

Pflegeheime in Tokio oder Berlin, Toronto oder Sydney sehen überall gleich aus. Standardisierung und Qualitätskontrolle sind gefeierte universale Instrumente geworden. Die Folge: Pflegeheime unterscheiden sich nicht wirklich. Im Gegenteil. Ihr Markenzeichen ist, dass weltweit die gleiche Versorgungsbatterie aufgefahren wird, ähnlich wie in Fastfood- oder Bekleidungsfilialen.

Wenn ein pflegebedürftiger Mensch aufwacht, kann er auf den ersten schweifenden Blick nicht sagen, ob er sich in Boston oder in München befindet. Ist das nun ein Vorteil oder ein Nachteil? Die Betten sind ähnlich, die Flure, die Beleuchtung, die Räume, in denen gegessen, die Orte, an denen für Hygiene gesorgt wird. Überall müde Gestalten, die im Rollstuhl oder mit dem Rollator unterwegs sind, die dämmernd im Bett liegen und auf den Tod warten. Um sie herum das ähnlich qualifizierte Fachpersonal, überlastet, überbeansprucht, manche mit schlechtem Gewissen darüber, dass sie keine Zeit für ihre Kunden haben.

Manche indessen haben sich aus Resignation oder aus Überzeugung zu einer technokratischen Haltung entschlossen: »Vor mir, da liegt ein Hilfsobjekt. Es ist meine bezahlte Aufgabe, dieses mir übergebene Objekt zu versorgen. Je weniger Empathie ich aufbringe, desto länger halte ich diese Arbeit erfahrungsgemäß aus. Ob ich Marzipankartoffeln verpacke oder alte Leute versorge – Hauptsache, ich tue es professionell.«

Freilich findet sich diese Standardversorgung nur bei den Menschen, die in den Komfortzonen der Welt leben. Die abgemagerte Greisin im Jemen oder der zahnlose Alte in Äthiopien hat keine Sorgen mit dem Qualitätsmanagement. Aber wir reden hier von den Adressaten der standardisierten, qualitätsorientierten, dokumentierten Pflege, die sich zwischen Canberra und Edinburgh durchgesetzt hat.

Und man kann zweifeln: Ist diese globalisierte Einheitsversorgung das großartige Instrument der modernen Wohlstandsgesellschaften? Oder ist es die einträglich-kapitalistische Alten-Klappe, durch die man Millionen bedürftiger Greise zum Verschwinden bringt? Ein Konzept, bei dem man schwanken kann, ob es eher an eine Art Entsorgung erinnert oder an eine fließbandähnliche Abfertigung von menschlichen Problemfällen.

Klar ist: Millionen dieser Grau- und Glatzköpfe sind über den Planeten verteilt, essen den gleichen globalen Plastikbrei und schlucken die gleichen Medikamente, werden in die gleichen Windeln gewickelt und betätigen die gleiche Notklingel, die (wiederum im globalen Maßstab) meistens nicht gehört wird.

Niemand scheint entsetzt über all diese Menschen, die aus ihren Bezügen herauskatapultiert sind, aus ihren Wohnungen und Häusern, aus Freundes- und Familienkreisen. Ist deren weltweit standardisierte Gleichbehandlung der Leuchtturm jeder Demokratie, oder offenbart sie jedem, der es sehen will, ihren tendenziell höllenhaften Charakter? Die Alten sind jedenfalls im letzten Lebensabschnitt noch zu Konsumenten von Dienstleistungen geworden, die in der Konsequenz so gleich sein sollen wie die Pizza, die der Lieferservice ins Haus bringt.

Im Untergrund aber grummelt es. Das schlechte Gewissen der Angehörigen, die ihre Alten abgeschoben haben. Ja, es blieb ihnen gar keine Wahl – der Beruf, die Wohnung, die Kinder, die Entfernung. Die einen reden sich das schön: »Meine Mutter hat im Heim endlich eine Freundin gefunden, sie war zu Hause so einsam.« Die anderen skandalisieren: »Mein Vater läuft ständig Gefahr, zu dehydrieren, weil das Personal sich nicht kümmert.«

Ein nettes Heim in Frankfurt am Main mit zwei Mahlzeiten und guter Betreuung kostet 2.200 Euro. Ein anderes Heim mit Pflege (dieses Mal in Wiesbaden) kostet 5.000 Euro. Selbst pensionierte Oberstudienräte können das nicht bezahlen. Und wer wird in Zukunft noch mit einer Rente rechnen können, die es erlaubt, 2.200 Euro zu begleichen? Sackgasse.

Für die Betroffenen ist es sowieso die Sackgasse des Lebens. Die Zahl derer, die das Heim wieder auf zwei Beinen verlassen, kann man an einer Hand abzählen. Das Heim konfrontiert zwingend mit dem eigenen Ende. Wer da ankommt, wer da angeliefert wird (so fühlt sich das wohl manchmal an), der weiß, dass es keinen Aufbruch und keinen Ausbruch gibt. *Der Hundertjährige, der aus dem Fenster stieg und verschwand,* das ist eine Romanfigur, die uns von etwas träumen lässt, was nicht geschieht. Man kann es wissen: Von hier aus gibt es keinen Aufbruch mehr. »Ihr, die ihr hier eintretet, lasst alle Hoffnung fahren«, das steht in Dantes *Göttlicher Komödie* über dem Eingangstor der Hölle. Worauf darf man beim Eintritt in das Pflegeheim hoffen? Auf qualitätskontrollierte Pflege? Auf wärmende Zuwendung?

Dabei wissen wir, dass es große Risiken birgt, auf immer gleiche Standards und vereinheitlichende Normen zu setzen. Wir beobachten die Folgen dieses Gleichheitsstrebens zum Beispiel in der Landwirtschaft, in der Monokulturen zu großen Problemen geführt haben, wie etwa Dan Saladino in seinem Buch *Eating to Extinction* beschreibt:[29] Vor langer Zeit fanden Menschen in Südostasien wilde Bananen. Das waren Früchte, die mit hartem Samen gefüllt waren, sie waren fast ungenießbar. In einem langen Prozess wurden daraus Hunderte essbare Sorten. Eine erhielt den Namen Gros Michel, eine süße, cremige, schmackhafte Banane mit dicker Schale, die sie für den Transport geeignet machte. Sie wurde zur beliebtesten Banane der Welt – aber jede Gros Michel war genetisch identisch mit jeder anderen. Als sich in den frühen Neunzehnhunderterjahren ein Pilz mit dem Namen Panama 1 auf den kommerziellen Farmen verbreitete, wurde die Gros-Michel-Banane fast ausgerottet.

Im Laufe der Geschichte hat der Mensch etwa 6.000 Pflanzenarten kultiviert, aber heute werden weltweit nur eine Handvoll Arten angepflanzt. Die Vereinheitlichung hat eine dramatische Anfälligkeit zur Folge. Künstliche Techniken dominieren heute die Landwirtschaft. Es müsse hingegen, so Dan Saladino, darum gehen, auf die Vielfalt zu schauen, die die Menschen seit Tausenden von Jahren in größerer Harmonie mit der Natur am Leben erhalten hat.[30]

Nicht nur in der Natur herrscht ein dramatischer Verlust an Vielfalt – es gibt zugleich einen dramatischen Verlust an kultureller Vielfalt. Das bekommen die Alten, die Pflegebedürftigen, die kognitiv Eingeschränkten, die Sterbenden und Leidenden zu spüren. Ihnen allen wird die gleiche Behandlung zuteil. Was in der Landwirtschaft die universellen Pestizide, die globalisierten Düngemittel sind, das kehrt in der vereinheitlichten Pflege durch Qualitätsmanagement, Qualitätskontrolle oder standardisierte Dienstleistungen wieder. So wird in Australien und in Alaska die gleiche, im Zweifelsfall evidenzbasierte Behandlung von Pflegebedürftigen sichergestellt.

Dass Pflegestandards effektiv sind, wird niemand zu bestreiten wagen. Aber was geht verloren? Der lokale, kulturell gebundene Geschmack des Alters?

Zu achtzig Prozent wird Pflege noch familial, also von Angehörigen und dabei vor allem von Frauen getätigt, aber im Grunde scheinen Politik und professionelle Pflege der Meinung zu sein, das sei nur ein Notbehelf. Man betrachtet die familiale oder ehrenamtliche Pflege als ein Relikt aus vorindustrieller Zeit. Zähneknirschend wird sie als vorläufig unverzichtbar geduldet, aber eigentlich müsste dieser Wildwuchs durch moderne Verfahren überwunden werden. Effektivität auf Kosten der Vielfalt.

Es hat einmal an jedem Ort dieser Welt lokale Weisen des Umgangs mit Sterben und Tod gegeben. So war und ist die Welt auch noch mit verschiedenen Formen des Umgangs mit Hinfälligkeit angefüllt: grausame, kalte, wärmende, empathische, schulterzuckende, meditative, kompetente, inkompetente, brutale und hingebungsvolle. Es gab einen bunten Strauß von Pflege. Ihr Hauptmerkmal ist wohl immer die Einfachheit gewesen, und sie war nicht teuer, außer vielleicht bei Fürsten und Königen.

Ronald D. Laing (gestorben 1989), Psychiater und einer der Gründer der antipsychiatrischen Bewegung, hat gesagt: »Jede Technik, die sich mit dem anderen ohne sein Selbst befasst, mit Verhalten unter Ausschluss der Erfahrung, mit Beziehung unter Vernachlässigung der in Beziehung stehenden Personen, mit Individuen unter Ausschluss ihrer Beziehungen und vor allem mit zu ändernden Objekten statt mit zu akzeptierenden Personen – jede Technik dieser Art verewigt einfach die Krankheit, die sie zu kurieren vorgibt.«[31]

Ohne an die Altenpflege zu denken, beschreibt Laing ihre Gefahren: Wer das Leiden ausgrenzt, muss erleben, wie es durch den Hintereingang ins Riesenhafte vergrößert wieder eintritt.

Was jetzt auf der Agenda steht

Krisen haben wir genug. Und jede dieser Krisen möchte in der ersten Reihe stehen. Die Ukrainekrise. Die Klimakrise. Die Hungerkrise. Wir sind der Auffassung, dass die *Sorgekrise* sich immer weiter in den Vordergrund schieben wird. Vom 16. bis 20. Januar 2023 fand in Davos das Jahrestreffen des Weltwirtschaftsforums statt. Es herrschte Beunruhigung darüber, dass der Ukrainekrieg die Folgen des Klimawandels in den Hintergrund drängen könnte. Der ökologische Umbau der Industrie – das wurde auf dieser Veranstaltung immer wieder betont – müsse gelingen, um die Folgen des Klimawandels abzufedern, das dürfe durch den Krieg nicht in Vergessenheit geraten. Langfristig wären – so der Tenor in Davos – die Folgen der sich anbahnenden Klimakatastrophe weltweit zu spüren und insofern desaströser als der Krieg. Wir fügen hinzu: Die Krise der Sorge kann von diesen Tatbeständen nicht abgekoppelt werden. Ängste vor dem Verlust des Wohlstands, die spürbare Zunahme der Einsamkeit, das Zerbrechen von Gemeinschaft, häufige Hitzewellen oder Dürren könnten eine Mentalität des »Rette sich, wer kann« befördern. Engpässe in der professionellen Pflegeversorgung, die ja schon jetzt mit personellen und ökonomischen Mangellagen konfrontiert ist, würden Verteilungskämpfe hervorrufen: Wer kriegt noch einen Platz im Heim? Zu wem kommt noch das Pflegeteam? Vielleicht müssen wir dann mit »Hamsterkäufen« in der Versorgung rechnen? Wer kriegt noch Versorgung, wenn alles knapp und knapper wird?

Das muss klar gesagt werden: Wir werden nur überleben, wenn die grüne Transformation der Industriegesellschaft von einer sozialen Transformation unserer Sorgegesellschaft begleitet wird. Die Dienstleistungsgesellschaft muss in eine Zivilgesellschaft transformiert werden, in der Dienstleistungen ihren Platz haben, in der aber die Monokultur der professionellen Pflege aufgebrochen wird. Und zwar durch eine Caring Society, die diese Monokultur durch eine Vielfalt engagierter, wärmender, freundschaftlicher Initiativen ergänzt. Die grüne Transformation der Industrie ist bisher sozial blind. Grüne Industrie und soziale Sorgekultur müssen aber Hand in Hand gehen. Die Rettung des Klimas ist untrennbar verbunden mit der Rettung der Sorge. Anders gesagt: Es gibt keinen Ausgang aus der Krise ohne die Neuerfindung der Sorge. Diese fünf Eckpunkte beschreiben, was auf der Agenda steht:

1. Der Versuch, die Sorge in der Gesellschaft zu einem über Geld abgesicherten **Dienstleistungsprojekt** zu machen, scheitert gerade. Das ist besonders in der Pflege unübersehbar, die auf eine stärker werdende Caring Society setzen wird, um wieder gute Pflege zu werden.
2. Der Sozialraum, in dem zivilgesellschaftliche Initiativen aufblühen, wird einen **Pflegemix** ermöglichen, in dem die zunehmend prekäre professionelle Pflege und die erstarkende »Laienpflege« sich in einer neu entstehenden sorgenden Gemeinschaft aufeinander beziehen und ergänzen. An die Stelle expertokratischer Monokultur in der Pflege wird sich mit der Caring Society eine diversifizierte, vielfältige **Variation von Formen** in der Pflege ausbreiten.
3. Die Caring Society wird die Distanz zu den immer größer werdenden Pflegekonzernen suchen und auf die Entfaltung **lokaler Kräfte** setzen.
4. Diese neue zivilgesellschaftlich und professionell geprägte Pflege wird eine **frugale Form** der Pflege sein müssen, die Wachstumsmodelle kritisch sieht und auch in der Pflege ressourcenschonend zu sein versucht.
5. Die kommende Caring Society wird nicht nur für eine gute Pflege stehen, vielmehr wird sie den Frieden mit unseren **Mitgeschöpfen** nicht aus den Augen verlieren und sich vom Anthropozän verabschieden. Auch für die Pflege gilt Ghandis Satz: »The world has enough for everyone's need, but not for everyone's greed.« Die Welt hat genug für jedermanns Bedürfnisse, aber nicht für jedermanns Gier. Dieser Satz kann als programmatischer Kern der Caring Society und ein Motto für die Reform der Pflege gesehen werden. In Ansätzen ist die Caring Society schon da, vor allem aber ist sie das Zukunftsprojekt einer Gesellschaft in Transformation.

Pflege um zwölf

Man muss es einmal erlebt haben, wie das häufig lange aufgewärmte, aufgeweichte Essen auf die Teller geklatscht wird, wie die Teller auf die Tische geknallt werden. Spätestens dann kann man nicht mehr erkennen, was das ist, das da auf dem Tisch. Alles läuft ineinander zu einem Einheitsbrei. Es wird wohl etwas zu essen sein, denken einige und nehmen es vertrauensvoll zu sich. Andere sind da misstrauischer. Womöglich wählerischer. Wieder andere haben längst erkannt: Der einzige tägliche Ausweg ist, um 12 Uhr keinesfalls den Mund zu öffnen.

Sicher, es gibt Ausnahmen. Viele bemühen sich um eine sorgfältige Zubereitung des Essens und vor allem darum, es appetitlich anzurichten. Die wissen, dass Essen etwas mit Kultur und Geselligkeit zu tun haben kann. Nicht nur mit Verabreichung von Substanzen oder Kalorien.

Dennoch, da sind viele Alte, die irgendwann aufhören zu essen und zu trinken. Alterssturheit? Oder drückt sich darin ein eigensinniger Wille aus? Eine Lebensmüdigkeit? Oder einfach der gesunde Menschenverstand, der dieses Essen und seine Begleitumstände als das ablehnt, was sie sind: eine unzumutbare Geschmacklosigkeit?

Die Altenpflege hält sich mit solchen Fragen nicht auf. Sie ist verpflichtet, das Gewicht der Bewohnerinnen und Bewohner regelmäßig zu kontrollieren und genau und nahtlos zu dokumentieren. Die Sachlage ist einfach. Und wenn das Gewicht weiter runter geht, muss sich am Ende die Pflege dafür verantworten. Sämtliche Lebens- und Sterbeprozesse sind längst an die professionelle Verantwortung delegiert. Vor allem im Alter, wenn die Kraft oder die Fähigkeit zur Selbstbehauptung abnimmt. Essen muss der Mensch! Das wird in der Pflege nicht als allgemeine Wahrheit verstanden, sondern als Pflicht. Kein Wunder also, dass die Pflege die ihr übertragene Verantwortung auf ihre Art übernimmt. Abfallende Werte führen notfalls zu verstärkten Nahrungsangeboten. Leider bleibt es dann nicht immer bei Angeboten.

»In meiner Ausbildung«, so ein früherer Altenpfleger, »hat man uns noch beigebracht, wie man den Menschen, die die Nahrungsaufnahme verweigern, mit großen Spritzen die Flüssigkeit hinter die Zahnreihen bis in den Rachen einführt, um sie zum Trinken zu zwingen.« Eine Praxis, die so heute nicht mehr gelehrt und auch nicht ausgeübt werden darf. Und dennoch berichtet eine Bewohnerin vom verstörenden Anblick einer Zwangsernährung. Eine Mitarbeiterin habe, wieder einmal allein zuständig für die Essensverteilung auf dem gesamten Wohnbereich, die Geduld mit einer dementen Dame verloren, habe sie angeherrscht, habe ihr den Löffel voller Kartoffelbrei mit Gewalt in den Mund geschoben.

Darauf angesprochen gesteht die Mitarbeiterin unter Tränen ein, sich nicht im Griff gehabt zu haben. Alle mussten gleichzeitig versorgt werden. Und das habe man früher so gelernt, wie man mit dem Löffel die Zähne umgehen oder in einen geschlossenen Mund eindringen könne, um das Essen zu verabreichen. Schließlich muss sie doch nachweisen, dass Frau G. genug gegessen hat!

Die Mitarbeiterin wollte nur ihre Pflicht tun. Doch wie soll sie das schaffen, allein im Angesicht der vielen, die mit Essen zu versorgen sind? Wie soll sie in der kurzen Zeit all jenen Essen anreichen, die dabei ihre Hilfe brauchen? Wenn die sich dann auch noch weigern zu essen?

Täglich um zwölf Uhr kommt in den Pflegeheimen nicht nur das Essen auf den Tisch, sondern auch der Notstand. Die Mitarbeiterin, der die Nerven durchgehen, beantwortet den Notstand mit

Nötigung. Das Essen muss rein, und zwar schnell. Die Bewohnerin, die diese Nötigung mitansehen musste, ist tief verunsichert. »Noch kann ich selbstständig essen«, sagt sie. »Aber was, wenn ich morgen einen Schlaganfall kriege? Oder dement werde? Wird es mir dann genauso gehen?«

Fluch und Segen der modernen medizinischen Technik

In unserer Gesellschaft wird das sogenannte »Sterbefasten« als letzte Möglichkeit eines selbstbestimmten Sterbens diskutiert. Für viele liegt hier die letzte Hoffnung, sich am Lebensende, wenn die eigenen Kräfte nachlassen, der fremdbestimmten Verlängerung des Lebens zu entziehen.

Diese Furcht ist gut begründet. Man weiß, dass das Leben an Schläuchen und Apparaten in ein endloses Siechtum übergehen kann. Die moderne Medizin hat Techniken und Technologien zur scheinbar endlos ausdehnbaren Lebensverlängerung entwickelt. Maschinen können Körper auf eine Weise lebendig halten, unter deren Eindruck unsere Vorstellung vom Leben allmählich zu der einer bloßen Organfunktion degeneriert.

Für viele ist das eine schwer erträgliche Aussicht. Sie weckt den Wunsch nach einer rechtzeitigen Vorsorge, um die Erfahrung eben jener Technologie am eigenen Leib zu verhindern. Die Angst vor diesen medizinischen Fähigkeiten gehört zu den häufigsten Beweggründen für Patientenverfügungen. »Ich will mein Lebensende nicht an Apparaten, Drähten und Schläuchen verbringen«, heißt es dann oft.

Aber können wir uns diese Erfahrung denn überhaupt noch vom Leibe halten? Betrachten wir unsere Organe nicht längst als Apparate? Wir sprechen von unserem »Bewegungsapparat«. Oder von unserer »Pumpe« und meinen damit unser Herz. Wir vergleichen unser Gehirn mit einem Hochleistungsrechner.

Jede dieser Beschreibungen klingt ganz normal. Aber sie sind nur auf der Grundannahme eines mechanistischen Menschenbildes möglich. Hat man erst einmal solch ein Menschenbild verinnerlicht – und der Sprachgebrauch weist darauf hin –, sieht man das Leben schnell als eine im Grunde mechanische Funktion, die eben auch mechanisch erhalten und verlängert werden soll und kann.

Auch der geschilderte Konflikt zwischen Essensverweigerung und Zwangsernährung handelt davon: Ob man über den eigenen Leib und das eigene Leben verfügen kann. Oder ob man eine Bevormundung erfährt, die im wahrsten Sinne des Wortes den Mund nicht als Medium eines eigenen Willens respektiert, sondern als Öffnung in den Leib des anderen, die man benutzen kann, notfalls mit Gewalt.

All das wirft weitreichende Fragen auf. Wie verstehen wir das Leben? Wie verstehen wir das Sterben? Welchen Stellenwert hat der Wille? Welchen Stellenwert hat er bei Menschen mit Demenz, die nicht mehr sagen können, was sie wollen? Ein Wille, der sich nicht mehr durch Worte, sondern durch einen geschlossenen Mund kundtut?

Diese Fragen sind nicht einfach zu beantworten. Wir als Gesellschaft sind dennoch dazu verpflichtet, Antworten auf diese Fragen zu finden. Wir dürfen das nicht allein einer modernen Medizin überlassen, die alles mehr und mehr nach Maßgabe des technisch Machbaren zu beantworten droht. Diese Antworten dürfen nicht nur auf der Grundlage gesammelter Daten über Gewichtsverläufe gegeben werden. Ebenso wenig darf es ausschließlich der professionellen Pflege zugemutet werden, sie zu finden. Die Fragen nach Leben und Sterben stellen sich zwar täglich im Kontext der professionellen Pflege. Sie sollten jedoch nicht nur dort, sondern in einer offenen gesellschaftlichen Debatte gesucht werden.

Allein auf weitem Flur

»Am Wochenende war die Johanna wieder allein im Dienst.« Die Rede ist von einer Fachkraft, die einen Wohnbereich mit 25 meist schwer pflegebedürftigen und auch demenziell beeinträchtigten Bewohnerinnen und Bewohnern versorgt hat. Allein. Solche Notversorgung ist das Gängige. Das Gängige ist auch der Eilschritt der Pflegenden über den Flur solcher Wohnbereiche. Diese Flure sind lang. Und breit. Und leicht abwaschbar. Damit die Pflegewagen und die Rollstühle durchpassen, damit alles nach Hygienevorschriften abläuft. Damit sich möglichst viele Zimmer aneinanderreihen. Ein Zimmer nach dem anderen. Ein Pflegefall nach dem anderen. Alle professionellen Institutionen der Versorgung haben diese Flure. Diese Flure ermöglichen Pflegekräften wie Johanna ihren Eilschritt. Oder bringen sie ihn erst hervor?

Wir richten Institutionen mit langen Fluren ein, um möglichst schnell möglichst viele, möglichst schwer Pflegebedürftige von möglichst wenigen Pflegerinnen versorgen zu lassen. Keine Einrichtung kommt ohne Bewohner mit möglichst hohem Pflegegrad aus. Dieser Bedarf der Pflegeheimbetreiber verdankt sich der Refinanzierungsregelung: je höher der Pflegegrad, je höher die Refinanzierung.[32] Der so gelöste Finanzierungsbedarf verwandelt sich auf den weiten Fluren in die Verantwortung der Pflegerinnen vor Ort. Jetzt sind sie zuständig, den Bedarf der Wirtschaftlichkeit in Pflege umzusetzen, das heißt, möglichst schnell zu möglichst vielen und möglichst schwer zu Versorgenden zu gelangen. Und bitte auch schnell wieder weg, weiter zu den vielen anderen schwer Pflegebedürftigen.

Der Flur ist der Raum, der die Institutionalisierung von Pflege am besten repräsentiert. Er ist ein Raum, der keinen Ort erzeugt. Der keine Bleibe anbietet. Das soll er ja auch gar nicht. Bewohner macht er zu Anwohnern. Und wie ein prall mit Pflegebedarfen gefüllter Schlauch soll er den Druck auf die Arbeitskraft erhöhen. Auf dem Weg zu ihrer Versorgung ermöglicht er, aber vor allem verlangt er: pflegerische Eile.

Es gibt Ausnahmen. Kleine Einrichtungen, die sich nicht an der Quantität, sondern an der Qualität orientieren. Nicht »Wie viele versorgen wir irgendwie?« ist da die Frage, sondern einfacher: »Wie versorgen wir einige gut?« Möglichst individuell. Möglichst zugewandt. Aber kleinere Einrichtungen stehen unter einem großen wirtschaftlichen Druck. In Soest schließt ein Heim, das nur 34 Pflegeplätze hatte. Fünfzig Jahre lang hat das Heim durchgehalten. Man wollte klein sein, um den Mitarbeiterinnen und den Bewohnern eine möglichst familiäre Situation zu ermöglichen. Ein mühsamer Spagat zwischen Institution und Privatsphäre.

Der immer größere Fachkräftemangel hat jetzt das Aus gebracht. Die familiäre Atmosphäre war eben doch nur eine Atmosphäre. Am Ende ging es auch in diesem kleinen Heim um die harte Wirtschaftlichkeit – und die kann einfach nicht mehr gewährleistet werden. Die »Personaldecke« ist in der Regel einfach zu dünn, als dass Fachkräftemangel oder Krankheitsfälle aufgefangen werden könnten. Die deutlich teurere Zeitarbeit kann man sich gerade als kleiner Betreiber auf Dauer erst gar nicht leisten.

Also doch: größere Heime. Längere Flure. Wirtschaftliche Barrierefreiheit. Der Weg in die Institutionalisierung führt über immer weitere Flure. Aber machen wir uns nichts vor. Für die professionellen Pflegerinnen und Pfleger wie auch für die Bewohnerinnen und Bewohner heißt das am Ende: allein auf weitem Flur.

Die Dokumentation entscheidet

Auf einem solchen Flur ist auch Frau S. unterwegs. Tag für Tag. Hat sie das eine Ende erreicht, dreht sie um und kehrt ans andere Ende zurück. Und so weiter. Der Flur ist lang. Wie lang ist wohl die Strecke, die Frau S. an einem Tag, in einer Woche, in einem Monat auf diesem Flur zurücklegt? Sie tut das in aller Ruhe. Und bietet dabei doch einen bedrückenden Anblick. Nirgends kommt sie an. Will sie überhaupt noch irgendwo ankommen? Hat der weite Flur jegliche Vorstellung irgendeines Ziels aus ihrer Erinnerung getilgt? Setzt sich der weite Flur der Institutionen längst in ihrem Innern fort? Eine weite Leere, die nicht viel anderes ermöglicht als dieses tägliche Hin und Her?

Frau S. ist dement. Sie ist weitgehend verstummt. Durch die Demenz? Oder durch die Ziellosigkeit dieses Lebensraums Flur? Durch beides?

Hin und wieder bleibt Frau S. stehen. Nämlich immer dann, wenn man seine Eile unterbricht und selbst bei ihr stehen bleibt. Wie sie sich dann die Zeit nimmt für eine Begegnung, für eine kurze gegenseitige Begrüßung, ohne große Worte, nur ein Rest von Worten, ein Öffnen des Mundes, ein strahlend freundlicher Blick, mehr nicht – aber mehr braucht es auch nicht. Schon dieser Augenblick der aufeinander zukommenden Blicke errichtet im Kommen und Gehen auf dem Flur einen Moment des Innehaltens. Ein Augenblick, der eine Hängebrücke über der schwindelerregenden Tiefe aufspannt, die sich so oft zwischen Menschen mit und ohne Demenz auftut.

Was bewegt Frau S.? Was denkt, was fühlt sie? Was sucht sie? Das wissen wir nicht. Müssen wir es denn wissen? »Einem Menschen begegnen heißt, von einem Rätsel wach gehalten zu werden«, so der Philosoph Emmanuel Lévinas. Aus professioneller Sicht aber ist mit der rätselhaften Frau S. einfach nichts anzufangen. Sehr zum Verdruss der Mitarbeiterinnen und Mitarbeiter, die ihre Betreuungsangebote an den Mann und an die Frau bringen wollen, lehnt Frau S. regelmäßig alle Angebote ab. Sie bleibt auf dem Flur. Dreht ihre endlosen Runden. Die einen fragen sich: Wie sollen sie am Ende ihres Dienstes dokumentieren, was sie mit Frau S. gemacht haben? Da ist einfach nichts zu dokumentieren. Die anderen spüren ein Unbehagen angesichts von Frau S. und der vielen anderen Ziellosen.

Die bodenlose Ziellosigkeit dieses Alterns erzeugt auch eine Ziellosigkeit im professionellen Tun. Was ist das für ein Job, in dem man Bewohnerinnen solcher Orte Halt geben soll? Was soll man da machen? Und wie am Ende des Tages diese Ratlosigkeit so dokumentieren, dass die nächste Prüfung sagen wird: »Gut gemacht!«?

Frau S. macht es ihnen schwer. Und Frau B. Und Herr I. Und Herr L. Und, und, und. Der Flur ist weit, der Zimmer sind viele. Auf diesen weiten Fluren haust so viel Alleinsein. So viel professionelle und menschliche Ratlosigkeit. Die soll aber keineswegs dokumentiert werden. Weil das zu offizieller Bemängelung führen könnte. Die Dokumentation muss das Bild einer gelingenden Professionalität repräsentieren. Dass die das hinkriegen da, auf den Fluren, in den Heimen.

Wenigstens kann man sich darauf verlassen, dass diese Überprüfungen sich weitgehend auf die Darstellung von Professionalität stützen und nicht auf ein unmittelbares Erleben derselben. Überprüft werden ja nur die Repräsentationen der Pflege, nicht die Pflege oder die Betreuung selbst. Ein kurzes, freundliches »Guten Tag« an ein oder zwei ausgewählte Bewohnerinnen gerichtet, das ist schon drin, wenn die Prüfung kommt. Man will ja nicht distanziert sein, und man hat ja auch keine Berührungsängste. Dann aber: ran an den Computer, an das Dokumentationssystem. Jetzt gilt's. Hier wird geschaut, ob gut gepflegt wird, ob Planung und Umsetzung übereinstimmen.

Eine Sozialdienstleitung fasst die Bedeutung der Dokumentation kurz und knapp zusammen: »Was nicht dokumentiert ist, das hat nicht stattgefunden.« Die Repräsentation ersetzt die Wirklichkeit. Nicht selten erschafft sie sie auch. Oder wie es eine andere Mitarbeiterin auf den Punkt bringt: »Es wird nirgends so viel gelogen wie in der Dokumentation.« Oder wie es ein Alltagsbegleiter nach einer zweitägigen Schulung für Dokumentation zusammenfasst: »Es kommt vor allem anderen auf die Daten an. Die müssen stimmen.«

Das ist keineswegs ironisch gemeint. Nach zwei Tagen erfolgreicher Einweisung in die Kunst der Dokumentation hatte er es begriffen. In der professionellen Pflege kommt es am Ende auf die Daten an. Dass die stimmen.

Der weite, hygienische, effiziente Flur ist der Raum der Professionalisierung. Er ist kein guter Ort für das Rätsel der Begegnung. Er ist ja eigentlich gar kein Ort. Aber er ermöglicht eine Versorgung der vielen. So befriedigt er den Bedarf von Institutionen. Dieser Bedarf und seine Erfüllung fordern einen hohen Tribut der Menschen, die auf solchen Fluren leben und arbeiten. Oft allein.

Frau S. dreht derweil ihre zehnte Runde über den Flur. Also die zehnte an diesem Tag. Von den anderen schweigen wir.

Der Normalfall: Diskriminierung der Alten

»Diskriminieren« kommt vom lateinischen »discriminare«, und das heißt »abtrennen, absondern«. Genau das ist es, was mit alten Menschen in unserer Gesellschaft geschieht. Sie sind abgesondert in Einrichtungen, oder sie leben allein. Das gilt jedenfalls für die Mehrzahl der Alten. Offenbar haben die Orientierungen sich so verschoben.

Die radikale Orientierung dieser Gesellschaft an Jugendlichkeit und an Leistungsfähigkeit führt dazu, dass Alte ausgesondert werden. Man kann das an der Ikone, zu der das Wort »Digitalisierung« geworden ist, gut erkennen: In der digitalisierten Gesellschaft sind die Alten, die entweder digitale Analphabeten sind oder denen digitale Kompetenzen fehlen, zu Menschen mit Behinderung geworden. Randfiguren. Wenn Digitalisierung alles ist, sind Alte nichts. Wo Digitalisierung zum Inbegriff gesellschaftlichen Fortschritts wird, hinken Alte zwangsläufig hinterher. Digitalisierung ist die Chiffre, die mitteilt: Ihr seid zu nichts zu gebrauchen.

Die Erinnerung, dass alte Männer und Frauen von zentraler Bedeutung für das Überleben einer Gesellschaft waren, ist verloren gegangen. In Zeiten der Digitalisierung werden sie zu nicht modernisierungsfähigen Restbeständen. Aus kulturellen Leitfiguren wurden Pflegeobjekte, sie »sind die Vorboten des eigenen Verfalls. Eine graue Masse, die Jüngere fast mit Ekel erfüllt, außer man ist aus Versehen mit ihnen verwandt …«, schreibt die Autorin Sibylle Berg.[33]

Paula Gunn Allen hat in ihrem Buch über die roten Wurzeln des weißen Feminismus beschrieben, wie diese Entwertung des Alters mit dem Verschwinden der traditionellen Gesellschaften einhergeht: »Würde die amerikanische Gesellschaft die Traditionen der verschiedenen Ureinwohner*innen vernünftig darstellen, befänden sich die Frauen im Zentrum der Gesellschaft, die Verteilung von Gütern und Macht wäre egalitär, und ältere Menschen würde man ob ihres wichtigen sozialen und kulturellen Beitrags respektieren, ehren und schützen.«[34]

Und wie steht es bei uns heute um die alten Menschen? 2020 wurden 731.000 Menschen in vollstationären Einrichtungen versorgt. Die Zahl ist in den letzten zehn Jahren stetig gestiegen. Bei den 80- bis 85-Jährigen ist bereits jede vierte Person von Pflegebedürftigkeit betroffen. Im Dezember 2017 gab es 14.480 stationäre Pflegeeinrichtungen.[35] Die Zahlen sagen manches, aber sie sprechen vor allem von einer Segregation der Alten in unserer Gesellschaft.

Es ist ein zugleich zwiespältiges Bild, das sich ergibt: Finanziell sind viele alte Leute vergleichsweise gut abgesichert (das wird in der nächsten Generation nicht mehr so sein). Aber einen Pflegeheimplatz können auch Gutsituierte kaum selbst bezahlen. Die Alten, so schreibt Sibylle Berg, »die den schnellen Schritt behindern, die Nazis sind, keine App installieren können, den Planeten ruiniert haben und die nur dazu taugen, auf TikTok lustige Klamotten anzuziehen. Man nennt sie respektlos Oma oder Opa, auch ohne mit ihnen verwandt zu sein, ungeachtet dessen, ob sie das per Fakt sind, und zeigt damit, dass man selbst noch nicht dazugehört, zu der großen Gruppe der Windelträger, die keinen kapitalistischen Mehrwert mehr erstellen. Man meidet sie, als hätten sie eine ansteckende Krankheit, und zeigt damit nur, dass man seine kapitalistischen Hausaufgaben gut gemacht hat. Wert hat in unserem System, was Leistung bringen, sich vermehren und aktiv sein kann.«[36]

Wer will, kann sehr schnell erkennen, warum Alte »raus« sind. Wir leben in einer Gesellschaft, in der die Jüngeren unverzichtbar sind, den Fortschritt in sich tragen und entscheidend sind. Solange wir zurückdenken können, hat es das noch nicht gegeben: dass die Alten zu nichts gut sind. Sie waren wichtig, weil sie etwas wussten, was die Jungen nicht wussten, was sie nicht konnten. Die Erfahrungen der alten Frauen und alten Männer sind überlebenswichtig – gewesen. Welches Getreide wird wann ausgesät? Welche Wolkenformation verspricht Regen oder Unwetter? Was hat es mit der Geschichte des Dorfes auf sich? Die junge Generation konnte nicht ohne die alte Generation überleben.

Damit ist es vorbei. Der schnelle Verfall von Kenntnissen, Kompetenzen und Erfahrungen führt dazu, dass Alte zu Randfiguren der Gesellschaft geworden sind. Karl Valentin, der Münchner Satiriker, hat das vorweggenommen: »Was hat so ein alter Mann noch von seinem Leben, insofern man dieses noch Leben nennen kann;

völlig verkalkt, schon fast versteinert liegt er da – eine halbe Mumie könnte man sagen – zu nichts mehr fähig als zum Sterben.«[37]

Jeder sprachlich-kulturelle Fehltritt kann heute einen Shitstorm auslösen – die Beleidigung alter Menschen bleibt hingegen oft unbeachtet. Die Verachtung der Alten ist die logische Konsequenz einer Gesellschaft, die Leistung und Beschleunigung zu ihrem kulturellen Zentrum gemacht hat. Richtiger gesagt: die Leistung und Beschleunigung zu ihren Götzen gemacht hat.

Er lag da in seiner Küche

Zu der Frage, wie wir mit unseren Alten umgehen, kommt mir, Reimer Gronemeyer, mein alter Geigenlehrer in den Sinn. Aus dem endlosen Zug von Erlebnissen, Situationen und Erinnerungen eines langen Lebens springen unweigerlich einzelne Bilder, Momentaufnahmen, heraus. Sie sind da, mit jeder Einzelheit, mit jedem Atemzug. So geht es mir mit meinem Geigenlehrer. Als Junge hatte ich regelmäßigen Unterricht bei ihm, das muss in den Fünfzigerjahren gewesen sein. Viele Jahre später, ich war inzwischen in der Oberstufe des nahegelegenen Gymnasiums, stand ich wieder in dieser immer dunklen und kalten Wohnung, weil mein alter Lehrer mich angerufen hatte.

Er lag da in seiner Küche, zu der ein langer Flur führte. Fenster zum Hinterhof. Sein dünner Körper war auf einer Pritsche ausgestreckt. Es roch nach Urin. Neben ihm auf dem Boden stand eine Heizsonne, die einzige Wärmequelle in dieser Altbauwohnung. Mein ehemaliger Geigenlehrer dämmerte offensichtlich schwach und elend seinem Ende entgegen. Er war allein, und es schien niemanden zu geben, der sich um ihn kümmerte.

Seine Frau war gestorben, ich erinnere mich an eine grauweiße Tolle, die sie als Frisur trug, an ein schwarzes Kleid, das um ihren hageren Körper schlotterte. Sie war damals vor Beginn des Geigenunterrichts immer ins Zimmer gekommen, um ein Brikett in den kleinen Ofen zu legen, damit es etwas »verschlagen« war, wie man zu der Zeit sagte.

Der Anblick des hageren, leidenden Alten ist mir ebenso unvergesslich wie das Gefühl der Hilflosigkeit, das mich überkam. Bis heute bedrängt mich dieses Bild und meine fassungslose Apathie. Ich bin nicht auf die Idee gekommen zu fragen, was ich für ihn tun kann. Ob er vielleicht hungrig ist. Dass er friert, das war unübersehbar. Ich habe den stummen Hilferuf nicht gehört, ich wollte nur noch raus aus dieser Wohnung, so schnell wie möglich, nachdem ich meine Aufgabe erledigt hatte.

Mein Geigenlehrer hatte mich nämlich gebeten, ich möge doch bitte seine Noten beseitigen. Der lange Flur war gesäumt von Bücherborden, in denen unendliche Mengen von Noten in blauen Mappen standen, Orchestersätze für eine längst vergangene Tätigkeit. Er war oft mit einem kleinen Ensemble, das er mit seiner Geige auf dem Arm leitete, auf Auswandererschiffen nach Südamerika unterwegs gewesen, vor allem nach Argentinien, und hatte die Gäste mit leichter Musik unterhalten.

Warum hatte er mich gebeten, diese riesigen Mengen von Noten verschwinden zu lassen? Ich weiß es nicht. Mit einem Freund, der sich einen grauen VW-Käfer geliehen hatte, begannen wir, die Stapel wegzuschaffen. Vieles haben wir in den Mülleimer geworfen, der unten im Eingang stand. Die anderen Hausbewohner haben uns wahrscheinlich verflucht, denn der Eimer (einer für das ganze Mietshaus) war schnell voll.

Für mich ist das ein unvergessliches Bild: der frierende, hilflose, stinkende alte Mann, der sich um die Beseitigung seiner Noten sorgt. Vielleicht musste er die Wohnung aufgeben? Er war – so weiß ich heute – offenbar ein Pflegefall, und ich habe seinen Hilferuf nicht vernommen. Es gab damals nichts für solche Lebenssituationen, allenfalls die Gemeindeschwester. Aber mit der Kirche hatte der alte Mann nichts am Hut. Familie gab es nicht, offensichtlich auch keinen Kontakt zur Nachbarschaft.

Nun ist es meine Generation, die der Pflege bedarf. Eine Generation, die aus der Kälte kommt, die im Geiste der Disziplin, des Gehorsams und der Sparsamkeit erzogen wurde. Ist es eine Generation des Starrsinns? Sie ist aus dem Krieg heraus geboren und hat in den entbehrungsreichen Jahren der Nachkriegszeit ihre ersten Lebenserfahrungen gesammelt. Aus ihnen wurden Wohlstands- und Wachstumskinder, die eigentlich an ein Mehr gewöhnt sind und die den Augenblick des Abbruchs schlecht verkraften werden.

Elend mit Zuschauern

Wer allzu lange und allzu laut von der drohenden Pflegekatastrophe predigt, braucht sich nicht zu wundern, dass niemand mehr zuhört, wenn die Katastrophe ausbleibt. Als folgenlose Drohung verblasst das Schreckensszenario zur bloßen Rhetorik.

Gleichwohl liegen die Gründe auf der Hand. Da ist die demografische Entwicklung, das Anwachsen der Zahl der Pflegebedürftigen bei gleichzeitigem Rückgang derer, die sie pflegen sollen. Da sind die unerträglichen Arbeitsbedingungen. Nur jedes zweite Wochenende ein freier Tag. Schichtdienst. Schlechte Bezahlung. Die unzumutbare Verantwortung für viel zu viele und für immer gebrechlichere Pflegebedürftige. Da sind die beruflich verursachten körperlichen und psychischen Beschädigungen. Da ist die wachsende Zahl derer, die ihren Beruf vorzeitig verlassen.

All diese Dinge werden seit Jahrzehnten in immer neuen Variationen deklamiert, angemahnt, diskutiert, auch zerredet. Aber bisher führten sie nicht in die verheißene Katastrophe. Und so mag man schlussfolgern: Es gibt sie gar nicht, die Pflegekatastrophe. Sie ist eine Erfindung von Schwarzsehern. Das Fazit: Ja, mag sein, es läuft nicht gut in der Pflege. Aber: Es läuft. Irgendwie. Immerhin.

Dieses Irgendwie und dieses Immerhin bilden ein gutes Pflegeteam. Sie halten die Pflege am Laufen, zeitweise am Kriechen. Aber immerhin. Und irgendwie tun sie der Gesellschaft damit einen großen Gefallen. Beispielsweise der Politik, die sich darauf verlassen kann, dass »die das hinkriegen«. So wird die wirkliche Not der Pflege verdeckt und der Anschein erweckt, dass es trotz all der realen Schwierigkeiten funktioniert – irgendwie und immerhin. Der

Pflege erweisen sie damit einen Bärendienst. Denn dieser Anschein einer irgendwie und immerhin funktionierenden Pflege könnte zu einer der größten Ursachen für den Fortbestand und die Verschärfung ihrer Not geworden sein. Wie konnte es dazu kommen?

Da ist natürlich die große Verantwortung, die jede und jeder Einzelne, der oder die pflegt, als seine persönliche Verantwortung annimmt. Für viele ist der Beruf mehr als nur ein Job. Für viele ist er eine Berufung.

Da sind Pflegedienstleiterinnen und -leiter, die immer, zu jeder Tages- und Nachtzeit, auch am Wochenende telefonisch zu erreichen sind und die im Notfall ins Auto steigen und einspringen, wenn wieder einmal der Krankenstand zu hoch ist. Oder wenn Mitarbeiter vor Ort mit einer eingetretenen Krisensituation schlichtweg überfordert sind. Ist doch klar, dass man die Kolleginnen nicht im Stich lässt. Da ist die Mitarbeiterin, die an allen Feiertagen arbeitet, auch in der Weihnachtszeit. Weil dann der Krankenstand, alle Jahre wieder, zu hoch ist. Das kennt man. Warum lange diskutieren? Man kann doch die Alten in diesen Tagen nicht allein lassen!

Allein im Heim. So fühlen sich Pflegende und Alte schon lange.

Die fatale Trennung von professioneller und ehrenamtlicher Pflege

Da ist die Belegschaft eines Heims, die in Zeiten von Corona vor der Schwierigkeit steht, die Versorgung zu stemmen, obwohl so viele Mitarbeiterinnen infiziert sind. Also arbeitet man, wenn die Symptome es zulassen, trotzdem. Die Infektion ist sowieso im Haus. Und es kommt zu Todesfällen. Mehr, deutlich mehr als sonst. Bis heute sitzt denjenigen, die dabei waren, Corona in den Gliedern. Wie schnell das bei manchen ging. Morgens erkrankt, am Abend verstorben. Als die zuständigen Kolleginnen aus Angst vor einer eigenen Infektion nicht mehr ins Haus kommen, springt ein längst berenteter Arzt ein. Wochenlang ist er der einzige ärztliche Ansprechpartner vor Ort.

Irgendwie hat man die Krise gestemmt. Auch wenn einem die Luft dabei knapp wurde. Auch wenn das eigene Privatleben auf Eis gelegt werden musste. Immer wieder zeigt sich: Die Pflege der Menschen erzeugt eine menschliche Verantwortungsbereitschaft, die die Stellung hält. Gerade in der Not! Doch der Verantwortungsdruck ist zugleich unmenschlich. »Die Stellung halten.« Ist das Pflegeheim zu einer Bastion geworden, die es zu verteidigen und zu halten gilt?

»Nochmal Covid im Haus, das packe ich nicht«, sagt die Pflegedienstleiterin, die in der Zeit der Infektionen dafür gesorgt hat, dass nicht alles zusammenbricht. Aber dann kommt sie doch, die zweite Welle. Unaufhaltsam breitet sich das Virus im ganzen Haus aus. Die Bewohnerinnen und Bewohner sind mittlerweile geimpft, doch auch diesmal sterben wieder einige, denen es bis zu ihrer Infektion gut ging. Von schwerer Vorerkrankung keine Spur. Die Unsicherheit ist groß. Es gibt ihn nicht, den totalen Schutz.

In den meisten Fällen sind die Symptome mild – die sozialen Folgen sind es nicht. Wieder Zimmerquarantäne. Besuchsverbot auf den betroffenen Wohnbereichen. Wochenlang. Und wieder wird am Rande der Legalität gepflegt, weil einfach zu viele der wenigen verfügbaren Pflegerinnen gleichzeitig erkranken. Aber die Bewohner sich selbst überlassen? Keine Option. Was bleibt einem anderes übrig als Notdienst?

Gefühlt sind es immer dieselben, die dafür Sorge tragen, dass die große Katastrophe ausbleibt. Dass es weitergehen kann. Irgendwie. Indem zum Beispiel eine Fachkraft die Doppelschicht für zwei Wohnbereiche mit fünfzig Bewohnerinnen und Bewohnern übernimmt. Natürlich über das ganze Wochenende. Samstag und

Sonntag. Und wieder hetzt die Pflegedienstleitung durchs Haus, ermahnt die Mitarbeiter, vorsichtig zu sein – »Maske!« –, erklärt den Angehörigen – zum wievielten Mal? – die Regeln: »Zugang nur mit tagesaktuellem Negativtest«, und natürlich: »Maske!«

Der Tonfall wird ruppiger. Geduld gibt es keine mehr. Nicht im Umgang mit den Kolleginnen, und schon gar nicht mit den Angehörigen. Die sind als Schuldige schnell ausgemacht. Die Angehörigen haben das Virus ins Haus gebracht, so die ebenso einfache wie knappe Einschätzung. Denn das Virus kann nur von außen kommen. Wir hier drinnen testen uns ja ständig. Die Gefahr, so heißt es, kommt aus einer Gesellschaft, die längst ohne Maske und ohne größere Einschränkungen wieder ihr normales Leben führt. Den Leuten draußen ist doch egal, was hier drin passiert.

Die Pflege in Zeiten von Corona hat gelernt: Wenn es hart auf hart kommt, sind wir allein zuständig da drinnen im Heim. Müssen sehen, wie wir die Bewohnerinnen und Bewohner irgendwie durch die Pandemie kriegen.

Aber so einfach ist es wohl nicht. Corona hat auch anderes gelehrt. Die Tochter eines Heimbewohners, von Beruf Krankenpflegerin, erinnert sich. Ihr Vater war dement. Als der Lockdown kam, war ihre Sorge groß, wie es ihm ergehen werde. Sie wusste, ihr Vater war aufgrund seiner Demenz wenig kooperativ.

Dann kam der Anruf: Der Vater verweigert Essen und Trinken, eine Infusion hat er sich rausgerissen. Die Tochter vermutet, die Vermummung der Pfleger – Maske, Haube, Kittel, Handschuhe – mache ihm Angst. Wer sind die Leute, die da auf mich einreden? Dann wird er handgreiflich. Die Tochter bietet an: »Ich kann kommen, ich kann helfen. Ich kenne die Corona-Regeln, ich bin gelernte Krankenschwester, ich weiß, was zu tun ist, und ich kenne meinen Vater. Ich kriege das hin.« Allen wäre geholfen: Der Vater würde trinken und essen, den Pflegerinnen würde eine große Verantwortung abgenommen, andere Bewohner könnten besser versorgt werden, die Tochter könnte ihrem Vater beistehen. Doch die Schutzbestimmungen verhindern diese naheliegende Lösung. Die Regelung ist eindeutig: Niemand darf das Heim betreten.

Die Situation eskaliert. Der Vater soll ins Krankenhaus eingewiesen werden, wo ihn, so die Furcht der Tochter, Zwangsernährung und Sedierung erwarten. Sie versteht die Welt nicht mehr. So lange schon fühlt sie sich als Angehörige verbunden mit dem Pflegeheim. Appelliert an das gewachsene Vertrauen, ist bereit eine verantwortungsvolle Rolle im Pflegeheim zu übernehmen. Sie will helfen! Doch die Institution lässt sie nicht hinein. Sie ist eine Angehörige, und Angehörige bleiben draußen.

Die Institution zeigt sich als Bastion einer strengen Ordnung. Die Schutzbestimmungen sollen nicht Vertrauen schaffen. Sie sollen regulieren. Und so wird auch das Vertrauen der Tochter in das Pflegeheim zerstört. Als der Vater schlussendlich ins Krankenhaus eingewiesen wird, bricht sie zusammen.

Der Alltag in der Pflege ist schon lange ein andauernder Krisenalltag. Aber die vielfältigen, schmerzhaften Erfahrungen während der Corona-Pandemie haben diese Krise noch einmal um ein Vielfaches verschärft. Sie ist weder nur eine Krise der professionellen Pflege allein, noch ist sie nur eine Krise im Verhältnis von Professionellen und Angehörigen. Sie ist eine Krise zwischen Pflege und Gesellschaft.

Corona hat, wie unter einer Lupe, den Blick auf etwas gelenkt, was unter dem jahrzehntelangen Irgendwie und Immerhin der Pflege verborgen bleiben konnte und was das ganze Ausmaß dieser Krise erst möglich gemacht hat. Pflege ist in unserer Gesellschaft ganz und gar zu einer Verantwortung der Professionellen geworden. Das ist kein Zufall. Es ist das Produkt einer Ordnung, die aus einer gesamtgesellschaftlichen Verantwortung ein System der delegierten Zuständigkeiten gemacht hat. Eine klare Trennung in Drinnen und Draußen, in Richtig und Falsch.

Der Soziologe Zygmunt Bauman schreibt über das Bedürfnis nach Ordnung: »Der Kampf um Ordnung ist ein Kampf der Bestimmung gegen die Mehrdeutigkeit, der semantischen Präzision gegen Ambivalenz, der Durchsichtigkeit gegen Dunkelheit, der Klarheit gegen Verschwommenheit. (…) Das Andere der Ordnung ist das Miasma [*Verunreinigung. Anm. d. Verf.*] des Unbestimmten und Unvorhersehbaren. Das Andere ist die Ungewissheit, jener Ursprung und Archetyp aller Furcht. Entsprechungen für das ›Andere der Ordnung‹ sind: Undefinierbarkeit, Inkohärenz, Widersinnigkeit, Unvereinbarkeit, Unlogik, Irrationalität, Mehrdeutigkeit, Verwirrung, Unentscheidbarkeit, Ambivalenz.«[38]

Dieses Projekt der Ordnung sei ein zentrales Anliegen der modernen Gesellschaften, so Bauman. Auch die der Trennung von Pflege hier und Zivilgesellschaft dort kann als Folge dieses Anliegens gesehen werden.

Natürlich gibt es auch Ehrenamtliche und Angehörige, die sich engagieren. Aber Pflege – die muss professionell sein. Wenn es hart auf hart kommt, sperrt man das zivile Engagement aus. Es scheint, als habe sich die professionelle Pflege mit der Ordnung identifiziert, die ihr die Trennung in ein Drinnen und Draußen auferlegt. Es scheint, als habe sich die professionelle Pflege zur eigentlichen Hüterin dieser Ordnung entwickelt. Obwohl und weil man dann – so paradox ist diese Ordnung – eben auch allein ist, wenn es hart auf hart kommt.

Man mag reflexartig ausrufen, voller Empörung: Wie soll es denn ohne Professionalität gehen? Genau das ist der springende Punkt: nicht in Entweder-oder-Kategorien zu denken, nicht in Polaritäten oder Ausschließlichkeiten. Der Reflex ist zwar verständlich, er ist Ausdruck der Ordnung, die wir gewohnt sind – aber er führt in die alte, gleiche, fatale Richtung.

Anstelle eines Entweder-oder müssen wir uns üben, in gleichzeitiger Vielfalt zu denken. Zu ganz großen Teilen ist Professionalität unersetzlich. Gleichzeitig sind da noch so viele andere Dinge, die mit Pflege zu tun haben, die man können kann, ohne dafür professionell ausgebildet zu sein. Und oft genug auch Dinge, die man kann, eben weil man nicht professionell ausgebildet ist.

Da ist all das, was nur Angehörige können. Die Tochter, die ihrem Vater beistehen will. Sie ist sich sicher, dass sie ihn zum Essen und Trinken bewegen könnte. Trotz seiner Demenz. Einfach weil sie seine Tochter ist und ihn kennt. Was aus professioneller Sicht als »herausforderndes Verhalten« bewertet wird, weil es die Professionellen ratlos macht, das kann für Angehörige etwas sein, was man aufgrund einer tiefen Vertrautheit ganz anders verstehen, begleiten und möglicherweise auch gut bewältigen kann.

Corona hat gezeigt: Es herrscht eine klare, bisweilen gnadenlose Ordnung in der Pflege. Drinnen die Professionellen, draußen die Angehörigen, die Zivilgesellschaft. Mit der Abschottung der Heime erfuhr diese insgeheime Ordnung ihre traurige Zuspitzung. Sie besteht jedoch nicht erst seit Corona, Corona hat nur das ganze Ausmaß dieser Ordnung scharf und gnadenlos deutlich gemacht.

Vielleicht bietet sich nach der Pandemie die Chance, die wir ergreifen müssen: Vielleicht erkennen wir dank Corona, wohin uns diese Ordnung führt, nämlich in eine Eskalation des Pflegenotstands, mit der keinem gedient ist.

Es geht also nicht darum, den Professionellen ihre unersetzliche Expertise abzuerkennen. Es geht darum, die Expertisen der Angehörigen und der Zivilgesellschaft anzuerkennen und ihnen ihre Zuständigkeiten einzuräumen. Es geht um eine Gesellschaft, die Pflege als ihre Zuständigkeit erkennt und wahrnimmt.

Pflege nach Corona, das muss heißen: Türen auf für die, die sich engagieren wollen. Oder wie es eine Ehrenamtliche formulierte: »Lasst uns nicht über das nachdenken, was uns trennt, sondern über das, was uns verbindet!« Insbesondere wenn wir nun den Blick auf jene richten, um die es vor allem geht: die Alten und Pflegebedürftigen.

Rufe in der Dunkelheit

Ich, Oliver Schultz, muss an die Sommerabende auf unserer Terrasse denken. Unser Haus liegt unmittelbar am Wald. Vom Frühjahr bis in den Sommer, von der Morgen- bis in die Abenddämmerung hinein erklingt aus der dunklen Tiefe ein heranwogendes Gewirr verschiedenster Vogelstimmen, lichten Tonlagen und Melodien. Ein unfassbares Durcheinander, das doch zugleich eine Harmonie erzeugt, die Tag für Tag ihr zartes, unfassbar virtuoses Gewebe ausbreitet. Als trüge der Wald ein zweites, unsichtbares Laubwerk aus Klang. An den Abenden verebbt diese tägliche Orchesterprobe in einem wunderbaren Pianissimo. Unendlich langsam und einfühlsam stellen die Vögel ihr Singen ein, legen jeden einzelnen Ton vorsichtig zur Seite. Bis zum nächsten Morgen.

Der Sommer, das ist auch die allabendliche Stille des Waldes. Doch inmitten dieser schläfrigen Stimmung hörte man viele Sommer lang ein unermüdliches Rufen: »Hallo! Hallo!«

Die Rufe kamen aus dem ungefähr hundert Meter entfernten Altenheim. Eine Männerstimme. Ich weiß nicht, wem sie gehörte. Dieser Mann hatte eine ungeheuerliche, beinahe erschreckend kraftvolle Stimme, mit der er bis spät abends in die Finsternis hineinrufen konnte. In der Erinnerung kommt es mir so vor, als seien die Rufe viele Stunden lang ertönt, und ebenso lange und regelmäßig verhallt. Ohne Antwort. Als sei dieser Mann der einzige Bewohner in diesem großen Heim gewesen.

Seine Rufe und das Ausbleiben jeder Reaktion erweckten in mir die unscharfe Vorstellung eines Gebäudes, das sich in ein unergründliches Dunkel erstreckt. Darin ein dunkler Flur, der zu einem dunklen Zimmer führt. Darin ein Bett. Darin ein Mann. Darin eine Stimme, die Abend für Abend sich erhebt und durch die ganze ihn umschließende Dunkelheit ins Freie drängt. Wie ein geflügeltes Wesen der Nacht. »Hallo! Hallo!« Abend für Abend. Viele Sommer lang. Dann irgendwann nicht mehr.

Seit über zwanzig Jahren begegne ich durch meine Arbeit Menschen mit und ohne Demenz, die in Heimen leben. Viele dieser Menschen habe ich rufen hören, nach Hilfe, nach Aufmerksamkeit, nach Zuwendung. Viele von ihnen legten dabei eine ähnliche Ausdauer an den Tag wie dieser Mann. Wie groß muss die Not sein, wenn man so ausdauernd und kraftvoll rufen lernt, wie diese schwachen, gebrechlichen Alten, um erhört zu werden? Als ob ihre wenige verbliebene Kraft mit der viel umfassenderen Kraft all ihrer Verluste darin auf geheimnisvolle Art verschmolzen wäre.

Wieso aber kommt mir von den vielen Rufen, die ich schon gehört habe, ausgerechnet das Rufen dieses Mannes in Erinnerung, den ich doch nie gesehen oder kennengelernt habe? Für dessen Ruf ich gerade nicht zuständig war? Von dem gar nicht ich angerufen wurde? Oder vielleicht doch?

Sein Ruf drang in meine ganz private Abendstimmung vor. Wie ein Fremdkörper. Aus einem mir ganz unergründlichen Dunkel. Wer war der Mann? Wie hieß er? Wer kümmerte sich um ihn? Bis heute weiß ich nichts über ihn. Ein Phantom. Unsichtbar. Unbekannt. Alles, was mir von ihm geblieben ist, ist sein Rufen in der Dunkelheit.

Durch die ganze seither vergangene Zeit und durch meine Erinnerung dringt es jetzt in meine Gegenwart hinein und bis in dieses Kapitel, in dem die Rede sein soll von den Bewohnern und Bewohnerinnen der Heime. Die meisten von ihnen sind längst verstummt. Im Laufe der Jahre hat sich da ein gewaltiges Verstummen aufgetürmt. Wie eine große Gewitterwolke, die sich, ebenso prächtig wie bedrohlich, am Himmel aufbaut und in aller Ruhe ihren Donnerschlag plant. Ein großes finales »Hallo«. Ein gewaltiger, donnernder Ruf nach Mitmenschlichkeit.

Wie wäre das, wenn es zu einem solchen Donnerruf der Alten käme? Vielleicht brächte er die bestehende Ordnung zum Beben, die wir für die Alten so aufwendig und wohlgeordnet eingerichtet haben. Die Altenheime, die beschützenden Einrichtungen für Menschen mit schwerer Demenz, die ambulante Versorgung, den wöchentlichen Nachmittag in der Kirchengemeinde. All die mehr oder weniger professionell betriebenen Einrichtungen, wo das Alter seinen Platz hat. Einen Platz in der Gesellschaft, heißt es. Mit geschultem Personal. Auch geschulten Ehrenamtlichen. Die alle, oder doch sehr viele von ihnen, mit ganzem Herzen für die Alten da sind. Da, an diesen Orten, extra für unsere Alten.

Sehe ich das falsch, oder sind diese Orte extra für die Alten auch eine Art der Extraktion aus der Gesellschaft? Eine professionell organisierte Art der mehr oder weniger umfassenden Absonderung?

Elend

Es fällt einem wahrscheinlich erst so richtig auf, wenn man in den Heimen unterwegs ist. Diese organisierte Versammlung des Alters. Hunderte oft. Nur alte Menschen. Viele von ihnen im Rollstuhl. Viele dement. Welchen Aufwand diese organisierte Absonderung erfordert! Personell, finanziell. Und die Anstrengungen, die betrieben werden, sie hin und wieder aufzubrechen! Zweimal im Jahr wird der Kindergarten eingeladen. Oder die Grundschule. Dann begegnen sich Jung und Alt. Immer ein schöner Moment, leuchtende Augen beim Anblick der Kinder. Oder hin und wieder der Besuch auf dem Wochenmarkt, mit einigen wenigen. Der öffentliche Bus kann ja nur ein oder zwei Rollstühle mitnehmen.

Es gibt sie, die Versuche, diese Extraktion des Alters aus unserer Mitte rückgängig zu machen. Soziale und kulturelle Teilhabe zu ermöglichen, ist Pflicht der Heimbetreiber. Sie sind Teil der professionellen Versorgung. Aber als solches tragen sie eben auch zum Gelingen der Absonderung des Alters bei.

Das Alter zu Gast in der Gesellschaft. Die Gesellschaft zu Gast an den Orten des Alters. Alles zu seiner Zeit und an seinem dafür gedachten Ort. Eine stille, saubere Trennung hat sich vollzogen. Längst ist sie zu einer selbstverständlich sozialen Ordnung geworden.

Ein erschreckendes Wort mit einer langen Geschichte kommt mir in den Sinn, wenn ich über diese Ordnung nachdenke: Elend. Das Wort Elend stammt aus dem Mittelalter. Seine beiden Silben verraten, worum es hier geht: Die Silbe »E« steht für draußen oder außerhalb, und die Silbe »lend« steht für Land oder Heimat. Elend, das heißt wörtlich übersetzt: außer Landes. Es wurde im Mittelalter verwendet, um das Exil zu beschreiben, das einem als Strafe für den Rest des Lebens auferlegt wurde. Wer elend war, der musste sein restliches Leben fern der Heimat fristen.

Die Rede vom Elend soll daran erinnern, dass diese Ordnung, so sehr wir uns auch an sie gewöhnt haben, vielleicht gar nicht so in Ordnung ist, wie es den Anschein hat. Ist nicht vielleicht die ordentliche, professionelle, sehr gut organisierte Versorgung der Alten in extra für sie eingerichteten Institutionen insgeheim ein Elend? Ein stummes Elend, weil es hinter dieser professionellen, gelingenden Ordnung verschwindet? Weil eben alles in Ordnung erscheint, so wie es ist?

Ein altes Sprichwort fällt mir ein, das etwas Ähnliches zum Ausdruck bringt: »Einen alten Baum verpflanzt man nicht.« Auch hier geht es um das Leid, das verursacht wird, wenn man von seinem angestammten Ort, aus seiner Heimat sozusagen, gegen den eigenen Willen entfernt wird. Eben diese verbotene Verpflanzung wird mit zunehmendem Alter immer häufiger Realität.

Im Jahr 2019 wurden 82,4 Prozent aller 70- bis 75-Jährigen zu Hause versorgt. Immerhin, möchte man sagen. Doch mit dem Alter sinkt dieser Anteil. So werden nur noch 64,4 Prozent aller über neunzigjährigen Menschen zu Hause versorgt. Und während die Zahl der ambulanten Pflegedienste in den letzten zwanzig Jahren um dreißig Prozent zunahm, stieg im gleichen Zeitraum die Zahl der stationären Pflegeeinrichtungen um sechzig Prozent.[39] All das zeigt: Mit zunehmendem Alter erhöht sich auch die Wahrscheinlichkeit, dass Menschen in stationären Pflegeinstitutionen versorgt werden.

Eine schlicht notwendige Realität, wird man einwenden. Der im Alter wachsende Pflegebedarf lässt nichts anderes zu, als dass die tiefe, lebenslange Verwurzelung im eigenen Lebensbereich geopfert werden muss. Man wird umgetopft ins Pflegeheim. Die letzten Lebensjahre werden gleichsam in der Fremde fern der Heimat verbracht. In dem, was man im Mittelalter Elend genannt hätte.

Noch einmal: Es gibt viele, extra für alte pflegebedürftige Menschen geschaffene Einrichtungen, die sich um eine Wiederannäherung an diese verlorene Heimat der Alten bemühen. Sie siedeln sich mitten in den Quartieren an. Sie bilden Kooperationen mit ortsansässigen Institutionen und Einrichtungen. Sie pflegen den Kontakt zu den Gemeinden, unternehmen Anstrengungen der Annäherung an das verlorene Zuhause – etwa durch Fotos der Familienangehörigen an den Wänden, ein paar wenige Überbleibsel des verlorenen Lebens.

Durch all diese Anstrengungen versucht man zu lindern, was man zugleich ermöglicht: die Absonderung der Alten in extra für sie eingerichtete Orte und Institutionen. Die Absonderung aber bleibt bestehen. Überträgt man den Gedanken vom Elenden auf den Verlust der Heimat im Alter, so lässt sich festhalten: Im Alter erwartet uns ein gepflegtes Elend. Immerhin und irgendwie. Weil es notwendig ist. Alternativlos.

»Übelbleibsel«: Pflege und Demenz

Ich, Oliver Schultz, muss an Herrn K. denken. Ihm begegnete ich vor vielen Jahren in einer beschützenden Einrichtung. Ich war gerade dabei, die Teilnehmerinnen meiner wöchentlichen Malgruppe zu versammeln. Er merkte, dass da etwas vor sich ging. Von hinten schob er sich im Rollstuhl an mich heran und begrüßte mich mit den Worten: »Meine Name ist B. K. Ich bin das Übelbleibsel der Familie.«

»Übelbleibsel«. Der ruhige, sanfte aber zugleich unbeirrte Tonfall, in dem Herr K. von sich als einem »Übelbleibsel« sprach, zeigte keine Spuren eines Versprechers. Unvergessen ist mir diese Mischung aus sanfter Unaufgeregtheit und völlig überraschender Härte seiner trockenen, staubigen Stimme. Zugleich verletzlich und verletzend.

Es schmerzt, jemanden von sich in dieser resignativen Weise sprechen zu hören, wenn das Erlebnis der Einsamkeit ein so geringfügiges Gerade-noch-Sein erzeugt – so gering, so kümmerlich ist dieses Sein, dass aus dem, was da gerade noch übrig ist, ein »übles Bleibsel« wird. Können wir darauf noch antworten mit unserem eingespielten Immerhin? Unserem Irgendwie? Oder müssten wir uns nicht erst einmal in der Tugend der Sprachlosigkeit üben? Müssten wir nicht innehalten?

Während der Corona-Lockdowns ist mir immer wieder die Auffassung begegnet, Menschen mit Demenz hätten eigentlich gar nicht darunter gelitten. Die Besuchsverbote, die Isolation, die vielen Einschränkungen. All das hätten sie nicht wirklich mitbekommen. Einfach weil sie sie nicht verstehen und reflektieren konnten. Demenz als Schutz vor Leiden. Das ist eine gefährliche Interpretation. Ich kenne so viele Menschen mit Demenz, die nicht mehr in der Lage sind, über ihr Befinden Auskunft zu geben. Heißt das deshalb, sie hätten keines?

Menschen mit Demenz wird abgesprochen, dass es andere

Formen der Wahrnehmung und des Ausdrucks gibt als die anerkannten Formen des Verstehens und Artikulierens. Die Vielfalt an Wahrnehmung und Teilhabeformen eines Menschen mit Demenz wird hier aufs Übelste reduziert. Auch das ist ein Erbe von Corona: Demenz wird mehr und mehr zu einem »Übelbleibsel« in unserer Gesellschaft.

Menschen mit Demenz sprechen. Mit ihren Augen, mit ihren Körpern, durch ihr Verhalten. Manchmal durch ihre schwer verständlichen Worte. Wie viel Stummheit wird durch unsere Ordnung des gepflegten Elends erst erzeugt, versammelt und verdichtet, und wartet darauf, von uns erhört zu werden? Und darauf, anders beantwortet zu werden, als es in unserer Ordnung des gepflegten Elends möglich ist?

Um Missverständnisse auszuschließen: Dieses gepflegte Elend ist nicht der Pflege geschuldet – das sollte klar geworden sein. Es hat zwar viel mit der Art und Weise zu tun, in der Pflege im Alter durchgeführt wird. Aber es ist ein Elend, das mitten in einer Gesellschaft hergestellt wird, die den Alten ihren Platz zuweist, um sie dann wieder, wenn auch wohldosiert und nur zeitweilig, wieder in ihrer Mitte zu begrüßen.

Wie ist es für die Alten, ihr Zuhause zu verlassen und in einem Pflegeheim zu leben? Oder in einer beschützenden Einrichtung? Wie viel Fremdheit müssen sie am Ende ihres Lebens dort bewältigen? Wie schaffen sie das?

Einmal habe ich eine Angehörige nach ihrem Besuch bei deren Mutter getroffen. Wir fuhren mit dem gleichen Bus nach Hause und kamen ins Gespräch. Sie klagte mir ihr Leid. Sie sei so unglücklich mit der vor Kurzem veränderten Bezeichnung des Hauses. Aus dem Seniorenheim war eine »Senioreneinrichtung« geworden. Man dürfe doch, so empörte sie sich, die Vorstellung des Heims nicht aufgeben! Die Hoffnung, dass ein Ort der Pflege auch ein Heim und ein Zuhause sein könnte. Für ihre Mutter und für die anderen Bewohner.

Heim – das klingt irgendwie antiquiert. Klingt nach Heimat. Nach veralteten Traditionen. Vielleicht deshalb die immer häufigere Umbenennung von Seniorenheimen in »Zentrum«. Oder »Einrichtung«. Womöglich sogar »Residenz«. Vielleicht will man nicht mehr mit einem unzeitgemäßen Lebensgefühl in Verbindung gebracht werden. Vielleicht soll dadurch zum Ausdruck kommen, dass wir in unserer Auffassung vom Altern auf der Höhe der Zeit sind, dass wir sie als Frage nach einer bewussten, rationalen, durchaus machbaren Lebensorganisation verstehen. Soll hier eine effiziente Versorgung einer klar definierten Gruppe mit klar definierten Bedarfen in Aussicht gestellt werden?

So verheißt das »Zentrum«, alle Ressourcen heutiger Versorgung im Alter unter einem Dach zu versammeln. Man konzentriert sich ganz auf das Alter. Oder soll hier die Gruppe der Alten konzentriert untergebracht werden? Kann es sein, dass man das in unserer Zeit der Effizienzsteigerung erwartet – als Zugehörige einer Gruppe an einem nur zu ihrer Versorgung organisierten Ort versammelt zu werden?

Was ist mit »Einrichtung«? Verheißt eine Einrichtung zeitgemäße, sachlich organisierte und optimal aufeinander eingerichtete Pflegeprozesse? Was verheißt ein Leben in der »Residenz«? Wohl vor allem Komfort. Hier soll man seinen Lebensabend genießen können. »Hier ist der Kunde König.« Vorausgesetzt, er verfügt über die dafür notwendigen finanziellen Mittel. Würde hat ihren Preis. Warum auch nicht? Wer in einem Leben viel erwirtschaftet hat, soll sich dann auch einen Lebensabend in der Residenz gönnen dürfen. Wohnen in der Residenz als das optimale Finale eines Lebens in der Leistungsgesellschaft.

Drängte da nicht immer wieder etwas ins Bild, das diese Stimmigkeit stört: die Demenz. Inmitten all der rationalen, effizienten, modernen und leistungsorientierten Formen institutioneller Versorgung verkörpert die Demenz eine große Fremdheit. Es sind Orte, die Fremdheit vermitteln. Demenz erscheint umso unzeitgemäßer, je mehr sogar in den Institutionen der Versorgung die zeitgemäßen Tugenden der Effizienz, der Rationalität und des Leistungsgedankens gepflegt werden. Die Prinzipien der Leistungsgesellschaft spiegeln sich in den zeitgemäßen Institutionen der Pflege wider. Und die Alten und Dementen, denen all diese Tugenden abgehen, spiegeln sich in diesen Zeitgeist-Institutionen umso befremdlicher.

Demenzielles Verhalten wird oft als »herausfordernd« bezeichnet. Diese sogenannte Herausforderung reicht von der Verweigerung zur Teilnahme an sozialen Angeboten bis hin zu verbalen und tätlichen Aggressionen. Entweder wird dieses Verhalten ignoriert, so gut man kann, oder mit immer professionelleren Versorgungsmaßnahmen beantwortet. Die Institutionen richten besonders gestaltete, umzäunte Areale ein, sogenannte »Demenzgärten«. Öffentlichkeitswirksam werden Sonderveranstaltungen, zum Beispiel »Demenzführungen«, nur für diese Zielgruppe angeboten, denn alle sollen sehen, wie viel man für die Mitmenschen mit Demenz tut. Demenztechnologien kommen zum Einsatz, etwa täuschend echte Stofftiere, die goldig fiepsend mit den Augen kullern und ein kleines Vermögen kosten.

Kann all das die Fremdheit der Institutionen ein wenig lindern? Man hofft es. Oder inwiefern täuschen solche Ausstattungen darüber hinweg, dass die Gesellschaft mit ihrer Hilfe Orte geschaffen hat, an denen ein Leben mit Demenz mehr schlecht als recht verwaltet wird? Kann sich die Gesellschaft für die ihr so fremde Demenz im Grunde nur Orte der Fremde vorstellen? Und weist nicht die sperrige, herausfordernde Fremdheit der Demenz auf die Herausforderung hin, der Menschen mit Demenz durch ein Leben in Institutionen ausgesetzt sind?

Die Demenz, so scheint es, verkörpert größte Schwäche. Irgendwann möglicherweise dement zu werden, das erzeugt in einer alternden Leistungsgesellschaft größte Ängste. Das provoziert, wie auch das Alter an sich, mit seiner drohenden Gebrechlichkeit. Aber die Demenz tut es in besonderem Maße. Vielleicht richtet man auch deshalb Demenz-Orte ein, wo sie wohnen kann, damit unsere Gesellschaft von ihrer Provokation unberührt bleibt.

Das muss nicht so sein. Ich habe das in meinem persönlichen Umfeld erlebt. In den Monaten der Arbeit an diesem Buch ist der Patenonkel meiner Frau gestorben. Er wurde die letzten Monate seines Lebens von seiner Familie gepflegt. Er starb in dem Haus, in dem er vor 86 Jahren geboren wurde. Er starb in dem Zimmer, in dem auch seine Mutter starb. Eine in heutiger Zeit kaum mehr vorstellbare Verwurzelung. Wir haben darüber gesprochen, wie zufrieden und genügsam dieser Onkel immer gewesen ist. Kein Foto von ihm, kaum eine Erinnerung an ihn ohne sein zufriedenes Lächeln.

In der Predigt zu seiner Aussegnung sprach der Priester davon, dass er in ein Leben hineingeboren worden sei, das er weitergeführt und erfüllt habe wie eine Aufgabe, die ihm von Anfang an gestellt war. Nicht wie eine Aufgabe, die er sich ausgesucht oder sich selbst gegeben hätte. In seinem ihm von Geburt an mitgegebenen Leben war dieser Onkel, so scheint es, immer schon ganz und gar zu Hause. Vielleicht erklärt das seine bemerkenswerte Genügsamkeit – nicht gerade eine zeitgemäße Tugend. Lebensweisen wie die jenes Onkels sind rar. Ein aus der Zeit gefallenes Leben.

Der Familie ist es gelungen, ihn bis zu seinem Tod zu Hause zu pflegen. Seine Frau und seine in unmittelbarer Nähe wohnhaften Töchter wechselten sich über viele Monate in der Versorgung ab. Auch sie haben wohl eine Aufgabe übernommen, die sie immer schon als die ihre sahen. Die Familie war der Boden, in dem der alte Baum bis zu seinem Tod wurzeln konnte.

Die professionelle Sprache der Pflege macht daraus: »Ambulant vor stationär.« Aber sie meint damit eigentlich etwas ganz anderes: die Förderung professioneller ambulanter Versorgungsdienste. Also gerade nicht familiäre oder nachbarschaftliche Pflege.

Immer weniger Familien wären auch in der Lage, eine solche Versorgung aus eigenen Kräften zu leisten. Die modernen Lebensweisen sind von Mobilität und Flexibilität geprägt. Die Bereitstellung und die Inanspruchnahme von professionellen Dienstleistungsangeboten sind längst ganz normal geworden. Sie kompensieren den seit Jahrzehnten voranschreitenden Bodenschwund für das Alter in unserer Gesellschaft. Den Boden für tief wachsende Wurzeln des Alters gibt es kaum noch. Wächst also das Alter einer Heimatlosigkeit entgegen, die nun einmal die Heimatlosigkeit unserer Zeit ist?

Die Dienstleistungsgesellschaft findet keine anderen Antworten auf die Frage, wo alte pflegebedürftige Menschen und Menschen mit Demenz eine Bleibe finden können, als eben »dort draußen«, in den Institutionen der Professionalität. Ist die professionell gepflegte Fremde am Lebensabend unausweichlich? Vielleicht müssen wir akzeptieren, dass das gebrechliche Alter in unserer Gesellschaft gebrochene Wurzeln verheißt.

Vielleicht.

Pflege à la AIDA

In einem Heim zieht eine neue Bewohnerin ein. Eine rüstige alte Dame. Die Tochter listet der Pflegedienstleitung die individuellen Ansprüche ihrer Mutter auf und fordert deren Erfüllung. Sie spricht mit den Pflegenden wie mit dem Servicepersonal in einem Hotel, schaut sie kaum an, stellt nur ihre Erwartungen klar, auf die sie ein gutes Recht hat. Die Pflegedienstleitung spürt deutlich die Abwertung, die durch die Einstellung der Tochter zum Ausdruck kommt. Sie entgegnet empört: »Wir sind hier doch nicht auf einem Kreuzfahrtschiff!«

Dabei kann man der Tochter gar keinen Vorwurf machen. Denn genau dieser Eindruck wird durch eine Dienstleistungsgesellschaft genährt, in der Pflege und gesundheitliche Versorgung wie ein Produkt oder eine Ware angeboten werden. Kreuzfahrtgesellschaften und die Dienstleistungsgesellschaft wenden die gleichen Prinzipien an. Pflegebedürftige und ihre Angehörigen werden ebenso wie Urlaubsgäste auf einer Kreuzfahrt zu Kundinnen und Kunden. Die wachsende Privatisierung im Gesundheitsbereich zeigt das deutlich. Gesundheit wird mehr und mehr zu einem Gut, mit dem man Rendite machen kann, und zwar nach allen Regeln der Marktwirtschaft.

Doch die Pflegedienstleiterin weiß: Sie sitzt am längeren Hebel. Früher oder später wird die Tochter sich zufriedengeben. Eine andere »Kabine« oder gar ein anderes »Schiff« sind so schnell nicht zu »buchen«, wenn man sie braucht. Denn ein Zimmer im Pflegeheim, das braucht man, das bucht man nicht wie einen Urlaub. Und wenn es da nun einmal nicht so zugeht wie auf einem Kreuzfahrtschiff, dann ist das nicht ihr Problem.

Auch Menschen mit Demenz wird der Umzug ins Heim von ihren Angehörigen immer wieder als Urlaub »verkauft«. Eine gängige Strategie. »Ich hole dich nach deinem Urlaub wieder ab«, verspricht der Sohn von Frau P., um etwaige Widerstände seiner Mutter im Vorfeld zu beschwichtigen. Nicht ins Pflegeheim wird sie verfrachtet, sondern ins Hotel. Dann das böse Erwachen. Diesen »Urlaub« hat sich Frau P. ganz anders vorgestellt. Vor allem hört er gar nicht mehr auf. Sie entscheidet schnell: »Diesen Urlaub breche ich ab!« Und nun steht sie tagein, tagaus am Fahrstuhl ihres beschützenden Wohnbereichs und wartet, dass ihr Sohn sie wieder abholt. Für alle Fälle hat sie die wichtigsten Habseligkeiten in ihre Handtasche gestopft und wartet. Und wartet. Langsam dämmert ihr der Betrug. Aber sie hat kein Gegenüber. Ihre Verzweiflung wächst.

Pflege als Urlaub. Auf den ersten Blick haben die beiden nicht viel gemeinsam. Hier die existenzielle Notwendigkeit der Versorgung, da die zeitweilige Befreiung von der existenziellen Notwendigkeit, die Auszeit für ein paar Wochen. Größere Gegensätze kann es nicht geben. Sind es nur Einzelbeispiele? Oder zeigt sich in ihnen vielleicht eine Strategie, die das Erleiden einer Notwendigkeit durch den Genuss einer Befreiung vom Notwendigen ersetzen soll? Urlaub und Pflege. Was auf den ersten Blick als größtmöglicher Kontrast erstaunen mag, das erscheint bei näherem Hinsehen als konsequente Weiterführung der Ordnung des gepflegten Elends.

Schauen wir noch einmal durch die Corona-Lupe. Die Ordnung der Abgrenzung zwischen Gesellschaft und Pflege ist nie so deutlich erlebbar gewesen wie in den zurückliegenden Jahren der Corona-Pandemie. Die Pandemie erzeugte eine Spaltung, zwei gegensätzliche Seiten bildeten sich. Die strengen Verfechter des Social Distancing und ihre ebenso strengen Kritiker. Die jeweilige Überzeugung wurde durch Abgrenzung von der jeweils anderen nur noch rigider und noch ausgrenzender.

In dieser Zeit ist auch die Distanz zwischen der Pflege hier und der Gesellschaft dort größer geworden. Gleichzeitig war das Elend der Pflege nie offensichtlicher. Pflegeheime, Einrichtungen der Eingliederungshilfe, Krankenhäuser – die Institutionen der Pflege machten die Tore dicht. Schon immer führten sie ein Eigenleben am Rande der Gesellschaft. Nun, unter dem Einfluss von Corona, verdichtete sich dieses Eigenleben noch einmal. Zugang erhielten nur noch die Professionellen.

Ein neuer Begriff tauchte auf: Systemrelevanz. In diesem Begriff verdichtete sich das Denken der bestehenden Ordnung. Denn die Systemrelevanz der Professionellen implizierte die Systemredundanz der anderen: der Angehörigen, der Zugehörigen, der Ehrenamtlichen. Im Grunde zeigte sich die Systemredundanz der Zivilgesellschaft.

Die alte Ordnung der Absonderung hatte sich zu einer Ordnung der Abschottung verdichtet. Auch wenn man respektiert, dass die Gefahr der Infektion dies notwendig machte: Die sozialen Folgen dürfen deshalb nicht übersehen werden. Sie sind bis heute, Jahre nach dem ersten Lockdown, spürbar.

Es gab durchaus Versuche, diese Ordnung der Abschottung zu überwinden. Nicht körperlich – der Körper geriet ja in Zeiten der Pandemie unter Generalverdacht, denn jede und jeder Einzelne war jetzt potenziell ansteckend. Aber man fand symbolische Wege der Solidarität. Der Applaus, der damals von den Balkonen aus gespendet wurde, erzeugte eine akustische und eine emotionale Verbundenheit mit dem Elend der professionellen Pflege. Wir wissen von eurem Elend, sagte dieser Applaus. Und: Wir bewundern eure Resilienz! Haltet durch!

Die Grenzen der Resilienz

Vielleicht das zentrale Stichwort unserer Zeit: Resilienz. Im Angesicht sich verdichtender und überlagernder Krisen brauchen wir mehr und mehr Resilienz. Kritik hilft da nicht. Schon gar nicht am Unabwendbaren und Selbstverständlichen. Wir brauchen mehr Aus- und Durchhaltevermögen. Verzicht ist die Fähigkeit der Stunde. Mit allen möglichen Schwierigkeiten auskommen lernen. Wo unsere Gas-, Strom- und Wasserressourcen knapp und unbezahlbar werden, da gilt es, die eigenen Ressourcen zu entdecken und zu fördern. Jedoch nicht fördern in einem pädagogischen Sinne, sondern so, wie man Erdöl fördert. Oder Kohle. Es geht um die Entdeckung der eigenen Ressource als etwas, das man, wie auch schon in der Natur, anzapfen, abbauen und ausbeuten kann.

»Wir werden verheizt«, hat mir eine Mitarbeiterin aus der Hauswirtschaft einmal ihr Leid geklagt. Nennen wir sie Marie. Sie arbeitet in einer beschützenden Abteilung, also einer gerontopsychiatrischen Einrichtung für sehr schwer demenziell beeinträchtigte Menschen. »Ich mag meinen Job! Ich mag die Menschen hier!«, ruft sie unter Tränen, weil sie nicht missverstanden werden will. Aber die seit Monaten kaum mehr erträglichen Arbeitsbedingungen machen sie fertig. Wenig Personal, immer mehr Arbeit, die an ihr hängen bleibt. Und stundenlang Maske tragen. Sie kriegt schwer Luft. Gönnt sich hier und da eine Verschnaufpause, zieht die Maske kurz ab. Wird erwischt. Wird streng ermahnt von der Pflegedienstleitung. Jetzt traut sie sich nicht mehr.

Marie will sich nicht drücken. Sie will für diese Menschen da sein, für die sie so ein großes Herz hat. Sie lacht herzlich, wenn Klaas, nachdem er seinen Teller leer gegessen hat, sich an den Tellern und Bechern der anderen gütlich tut. Sie freut sich eben, dass er so gern isst und trinkt und lacht, weil es die anderen nicht verhindern, einfach, weil sie nicht wissen, dass dieses Essen und dieses Trinken ihres ist. Es ist ihnen egal. Dass sie nicht leer ausgehen, da passt Marie schon auf, wenn der Klaas wieder seine Runde macht.

Sie lacht, wenn der Fritz sich ihr in den Weg stellt, um ihr ein Kompliment zu machen. Das macht er immer, wenn er Marie begegnet. Auch bei anderen Frauen, die ihm begegnen. Fritz ist darin ganz alte Schule. Nur dass man sein zähes Kauderwelsch nicht verstehen kann. Aber Marie spürt ganz klar und deutlich, dass er sie meint, dass er ihr was Schönes zu sagen hat.

Oder wenn ihr Erna auf dem Flur begegnet, die über die Monate mehr und mehr in ihrer Demenz versinkt und nur noch schlurfenden Schrittes unterwegs ist. Dann versäumt sie nicht, sie kurz und liebevoll zu drücken. Manchmal huscht da der Anflug eines Lächelns über Ernas gebeugtes Gesicht, während sie schon den nächsten mühsamen und doch entschlossenen Schritt macht, einfach unermüdlich weiter schlurft, in ihre geheimen Gedanken versunken. Egal. Es ist nun einmal »ihre« Erna, ihr »Schatzi«, wie sie sie immer wieder liebevoll anspricht, obwohl sie das nicht soll. Diese Kosesprache. Viele Angehörige mögen es nicht, wenn ihre Mütter oder Väter plötzlich als Schatzi angesprochen werden. Oder Herzchen. Wenn sie von Mitarbeiterinnen umarmt werden. Das sind doch Fremde. »Das hätte meine Mutter früher auch nie gewollt.«

Immer mehr Pflegeeinrichtungen fordern eine verbindliche Distanz in der Sprache: Gesiezt werden sollen die Bewohner und Bewohnerinnen, mit Herr und Frau angesprochen. Dann heißt es: »Die Menschen, die wir pflegen, sind unsere Kunden, und als solche werden sie mit ›Sie‹ angesprochen.«

Das ist eine klare Anweisung. Sie soll den Respekt gewährleisten, den Kundinnen und Kunden verdient haben – auch im engeren Sinne des Austauschs von Geld und Dienstleistung. Der Respekt der Anrede ist einer der Tauschwerte für ihre durch Geld »verdiente« Rolle als Kunden. Es ist die sprachliche Umsetzung der Dienstleistungsgesellschaft.

Mitarbeiterinnen wie Marie trifft man zuhauf in der Pflege. Sie herzen und drücken und umarmen die Menschen. Immer wieder müssen sie ihnen nahekommen, sprachlich und körperlich. Irgendwie können sie es einfach nicht lassen. »Schatzi« oder »Herzchen« – für Marie ist das keine Respektlosigkeit. Sie versteht das Problem gar nicht. Für sie sind die Bewohner keine Kunden oder Fremde, die man siezt. Wie auch? Manchmal kennt sie ihre Nachnamen gar nicht. Sie sind »ihre« Erna, »ihr« Klaas, »ihre« Anna. Und wie sie alle heißen.

Und wer fragt eigentlich Erna oder Klaas? Wissen Erna oder Klaas oder Fritz, dass sie eigentlich Kunden sind? Würden sie das wollen – ein Lebensende als Kundin oder Kunde? Wahrscheinlich wäre es ihnen egal – sie würden sich dadurch nicht beirren lassen.

Marie auch nicht. Pflege als Dienst nach Vorschrift, das könnte sie nicht. Sie kann es einfach nicht lassen, immer auch die Beziehung zu den Menschen zu pflegen. Zu jedem und jeder Einzelnen von ihnen. Namentlich. Persönlich. Weil der Pflegealltag im Heim einfach eine Beziehung zu jedem und jeder Einzelnen hervorbringt. Irgendwie ist es diese Beziehung, die Marie Kraft gegeben hat. Gerade jetzt, wo der Pflegenotstand einen fertig macht. Doch jetzt ist sie am Ende ihrer Kräfte angelangt. Ihre »Ressourcen« sind erschöpft. Ihre Resilienz reicht nicht aus. Ist sie also nicht professionell genug?

Soll durch die Idee der Resilienz ein gesellschaftliches Problem auf die Ebene der individuellen Lebenshaltung verlagert werden? Und zwar in einer virtuosen Drehung, die daraus so etwas wie eine sportliche Herausforderung für jede und jeden Einzelnen macht? Vielleicht wird tagein, tagaus nirgendwo sonst so viel Resilienz eingefordert wie in der Pflege. Je schlechter die Bedingungen, unter denen man arbeiten muss, umso höher die Anforderung, es persönlich irgendwie hinzukriegen. »Ich schaffe das irgendwie. Ich muss.«

Eine gesamtgesellschaftliche Verantwortung hat es sich auf den Schultern Einzelner bequem gemacht. Resilienz im Sinne von Selbstoptimierung, die zugleich die Ursachen der waltenden Zustände schont.

Kein Wunder, dass Resilienz zum Trend der Dienstleistungsgesellschaft geworden ist. Dank dieses Trends darf sie damit rechnen – und das heißt immer auch: gewinnbringend kalkulieren –, dass es da draußen in den Heimen genug Professionelle gibt, die »in die Bresche springen«, auch wenn sie selbst darüber verheizt werden. Doch die Rechnung mit der Resilienz der Professionellen könnte sich sehr bald mehr und mehr als Milchmädchenrechnung erweisen. Es könnte bald die Zeit dämmern, da die Dienstleistungsgesellschaft sich nicht mehr darauf verlassen kann, dass die es schon hinkriegen, da drinnen, in den Heimen. Bei Marie und so vielen anderen wächst die begründete Sorge, dass sie den Job, den sie eigentlich mögen, so nicht mehr lange packen werden.

Irgendwie spürte man es auch draußen in der Gesellschaft, als Corona war. Wie halten die das nur aus da drinnen? Was, wenn die es nicht mehr aushalten? Eine Frage, die sich die Pflege schon seit Jahrzehnten stellt.

Die Politik gab eine kurzentschlossene Antwort: Bedienstete in der Pflege erhielten eine einmalige Bonuszahlung. Marie freute sich darüber. Plötzlich konnte sie sich das Sofa leisten, für das sie sonst noch lange hätte sparen müssen. Aber es war klar, dass diese Einmalzahlung nicht die Antwort auf den Pflegenotstand sein konnte. Der Bonus ändert nichts, er war wohl eher so etwas wie Schmerzensgeld. Eine monetäre Anerkennung für das Elend der Pflege. Ein Zeichen, aber keine Unterstützung.

Auch der Applaus von Balkonen war eine Anerkennung für das Elend der Pflege. Aber: Applaus gehört ins Theater. Er ist Ausdruck des Respekts für das, was auf der Bühne passiert, nicht für das, was in der gemeinsam geteilten Wirklichkeit geschieht. Applaus ist ein Indiz des Zuschauens. Vielleicht war es eine hilflose Geste: »Was können wir anderes tun, als euch unsere Anerkennung geben für das, was ihr da leistet? Ohne euch – was wären wir dann?«

Eben. Längst hat sich die Gesellschaft, was die Pflege betrifft, in die Rolle von Zuschauern und Konsumenten begeben. Die Anerkennung durch den Applaus war auch eine indirekte Anerkennung dieser längst hilflos gewordenen Dienstleistungsgesellschaft. Wir sind tatsächlich auf die angewiesen, die es irgendwie schaffen mit der Pflege. Auf die Hilfe der Professionellen. Auch weil wir immer älter werden und mehr Pflege brauchen, weil wir immer hilfloser werden.

Corona und die Lockdowns haben daran erinnert, dass es zwischen den Institutionen der Pflege und der Gesellschaft einen Graben gibt. Ausgehoben hat diesen Graben zwischen Professionellen und Nichtprofessionellen die Dienstleistungsgesellschaft. Längst ist er zu einer Selbstverständlichkeit geworden. Eine Ordnung, an der man nicht rüttelt. Wir wissen, dass es in den Institutionen jenseits dieses Grabens Leute gibt, die sich um die Pflege kümmern. Profis. Die, die dafür zuständig sind. Und wir wissen, dass es diesseits des Grabens Leute gibt, die die Profis dafür bezahlen.

Dieser Graben ist unabhängig von realen Institutionen, Pflegeheimen und Krankenhäusern, also Gebäuden mit Mauern und Türen. Auch ambulante Dienste graben ihn. Sie kommen in die Wohnungen und Häuser, in die Familien und Nachbarschaften und geben den Leuten die Rolle der Zuschauer mitten in deren eigener Lebenswelt. Der Graben zwischen der Gesellschaft und der Zuständigkeit für Pflege ist längst mobil geworden. Er tut sich überall da auf, wo Dienstleistungen eingekauft und delegiert, wo sie konstruiert und angeboten werden.

Während der Pandemie hat dieser Graben eine weitere, tiefere Dimension erlangt. Der Applaus in der Lockdown-Zeit war ein Indiz für eine Gesellschaft, die zwischen Reality und Reality TV, zwischen Pflege und Pflege-Show nicht mehr recht unterscheiden kann. Die sich im Ernstfall lieber für die Show entscheidet. Die Bühne, die man den Profis überlässt, während man selbst die Rolle des Zuschauers oder der Zuschauerin wählt. So bleibt man auf sicherer Distanz zu dem, was da auf der Bühne passiert. Am Ende applaudiert man. Schön war's. Und man kehrt zurück in die eigene, wirkliche Welt.

Wie könnte man eine intensive, lebendige Beziehung zwischen Pflege und Zivilgesellschaft aufbauen?

In der Dienstleistungsgesellschaft ist die Pflege längst zu einer Ware neben anderen Waren geworden. Man kauft sie, wie man einen Urlaub bucht oder einen guten Platz im ersten Rang. Man bezahlt einen hohen Preis und erwartet dafür erstklassigen Service und souveräne Performance.

Zuschauen, um zu vergessen

Der Philosoph Hans Blumenberg hat ein Buch geschrieben mit dem Titel *Schiffbruch mit Zuschauer*. Darin beschreibt er, wie die Menschen sich das Leben immer schon als Schifffahrt vorgestellt haben. In Dichtung und Malerei taucht das Motiv des Schiffs immer wieder auf als Symbol für das Leben. Und weil es kein Leben ohne Widerfahrnisse gibt, spielt in all diesen Darstellungen auch der Schiffbruch immer wieder eine wichtige Rolle.

Blumenberg beschreibt ein interessantes Detail in dieser Verbindung von Schifffahrt und Schiffbruch: Von Anfang an nämlich wird dieser Schiffbruch nicht nur als schreckliches Schicksal an und für sich dargestellt, sondern auch als ein Untergang, den andere mitansehen. Als Schiffbruch mit Zuschauer. Diese reagieren auf unterschiedlichste Art. Mit Entsetzen, mit Neugier, mit Gleichgültigkeit. Aber eines haben diese Zuschauer gemeinsam: Sie sind nie selbst betroffen, von dem, was sie da mitansehen. Einen Schiffbruch betrachten, das versorgt einen mit der angenehmen Gewissheit, selbst nicht auf diesem Schiff zu sein. Das klingt dann zum Beispiel so:

> *»Süß ist's, anderer Not bei tobendem Kampfe der Winde*
> *auf hochwogigem Meer vom fernen Ufer zu schauen;*
> *nicht, als könnte man sich am Unfall andrer ergötzen;*
> *sondern dieweil man es sieht, von welcher Bedrängnis man*
> *frei ist.«*[40]

Zuschauen heißt, sich die Erleichterung verschaffen, nicht betroffen zu sein von dem, was man sieht. Blumenberg entwickelt aus diesen Überlegungen eine Kultur des Zuschauens: Zuschauen als Distanzierung von einer potenziell bedrohlichen Wirklichkeit – auch ich lebe, auch ich werde irgendwann untergehen, aber noch schaue ich nur zu. Zuschauen ist eine wohltuende Erfahrung zeitweiliger Sicherheit.

Auch unsere Dienstleistungsgesellschaft hat ihre Kultur des Zuschauens entfaltet. Sie hat sie durch die Errichtung der Gräben zwischen Professionellen und Nichtprofessionellen in alle Bereiche der Gesundheitsversorgung getragen. Also gerade dorthin, wo die existenzielle Not der Menschen zum Greifen nah ist, wo sie den Einzelnen im leibhaftigen Sinne angeht und wo, wenn man so will, der Schiffbruch zur alltäglichen Erfahrung gehört. Wir nennen diesen Schiffbruch »Pflegenotstand«. Die Dienstleistungsgesellschaft hat daraus ein Elend mit Zuschauer gemacht.

Wenn die Not der Pflege erst einmal abgesondert, delegiert und zur Ware geworden ist, dann verstummt ihr Hilferuf. Dann ist endlich Ruhe. Im Grunde ist die Not der Pflege zum Gegenstand einer großen gesellschaftlichen Demenzstrategie geworden. Nur dass es dieser Strategie nicht um den Umgang mit dementen Menschen geht, sondern vielmehr darum, selbst eine Demenz zu entwickeln. Es ist der Versuch, die Not der Pflege mit aller Kraft zu vergessen.

Und jetzt? Wir müssen den Zuschauerraum verlassen. Die Not der Pflege bringt Tag für Tag Menschen zur Verzweiflung. Seien es Pflegebedürftige, Pflegerinnen und Pfleger oder Angehörige. Wenn wir nicht anfangen, auf die Not der Pflege zu hören, wenn wir stattdessen weiter zuschauen, wie das Elend immerhin und irgendwie gepflegt wird, dann wird aus dem Pflegenotstand ein gesellschaftlicher und ein menschlicher Notstand.

Je länger wir dem gepflegten Elend zuschauen, umso schneller wird es das Elend unseres eigenen Lebens und Sterbens sein. Das unserer Väter und Mütter ist es längst, aber bald sind wir an der Reihe. Irgendwann werden wir uns selbst auf der Bühne wiederfinden, und andere werden zuschauen.

Wir müssen erkennen, dass wir nicht auf Dauer Zuschauer bleiben können, bevor wir uns unfreiwillig auf der Bühne wiederfinden. Wir müssen erkennen, dass der Zuschauerplatz die Illusion der Teilnahmslosigkeit erzeugt – allein deshalb können wir ihn so bequem finden. Aber indem wir dem Elend der Pflege zuschauen, erzeugen wir es zugleich.

Stattdessen müssten wir es als das unsrige anerkennen. Als ein soziales Elend. Aus diesem Grund müssen wir noch einen Schritt weiter gehen. Wir müssen die Pflege gegenüber dem Versuch verteidigen, sie immer weiter zu verdrängen und zu vergessen. Sei es räumlich, indem die Not der Pflege hinter Türen und Mauern verschwindet, unsichtbar und unhörbar für die Außenwelt, in Institutionen möglichst weit von den Zentren entfernt. Sei es durch die Delegation dieser Not an die Professionellen, die sich schon um sie kümmern werden. Oder sei es durch eine Verdienstleistung von Pflege, die aus der Not einen Service macht, der sich nahtlos in unsere Konsum- und Warengesellschaft einfügt.

Vielleicht ist das Elend der Pflege auch einer Gesellschaft geschuldet, die sich daran erinnern müsste, dass die Not zu ihr gehört.

Würden wir diese Not als die uns zugehörige verstehen, dann könnte sie der Beginn einer neuen Gemeinschaft sein. Wir haben nach einer anderen Pflege gefragt. Hinter dieser Frage verbirgt sich aber die nach einer veränderten Gesellschaft. Es wird darauf ankommen, die etablierte Ordnung zwischen Pflege und Gesellschaft zu überwinden. Vielleicht braucht es anstelle dieser alten Ordnung so etwas wie eine neue Un-Ordnung.

Die Rettung der Pflege wird nicht aus einer professionalisierten Pflege kommen, sondern von außerhalb der etablierten Ordnung. Vielleicht wird diese neue Un-Ordnung ein Durcheinander. Vielleicht braucht es zur Rettung der Pflege erst einmal den Mut, ganz andere Wege zu gehen.

Absurdistan: Wie Sicherheitspflege den Tod vorwegnimmt

Gaby möchte mit ihrem Mann nach Frankreich reisen. Ihre 93-jährige Mutter braucht Hilfe im Alltag, sie ist pflegebedürftig. Gaby sucht nach einer Kurzzeitpflege, einem Ort, wo sie ihre Mutter für zwei Wochen unterbringen kann. Die alte Dame willigt ein, sie ist nicht begeistert, aber sie erklärt sich einverstanden. Eigentlich wäre es ihr lieber, die Tochter bliebe bei ihr.

Das nahegelegene Heim hat einen schlechten Ruf. Also geht es in einen Ort, der etwas weiter entfernt ist. Das klappt. Gaby ist erleichtert. Sie fährt nach Frankreich, aber mit schlechtem Gewissen. Ist die Mutter dort gut aufgehoben? Wird sie gut versorgt? Was ist, wenn etwas passiert und sie ist weit entfernt?

So etwas ist für viele Töchter und Söhne zu einer fast alltäglichen Situation geworden. Alle müssen sich fügen in etwas, was niemand will.

»… Das Alter ist ein kaltes Fieber im Frost von grillenhafter Not. Hat einer dreißig Jahr vorüber, so ist er schon so gut wie tot.« Das ist die kühle Stimme des Mephistopheles, des Teufels in Goethes *Faust*. Dreißig? Heute wächst die Zahl der Hundertjährigen geradezu exponentiell. Mehr als 20.000 leben in Deutschland, achtzig Prozent davon sind Frauen.

Ivan Illich, der radikale Philosoph (gestorben 2002), war in den letzten Jahren seines Lebens durch ein großes Krebsgeschwür auf der rechten Gesichtshälfte gezeichnet. In einem Gespräch, nicht lange vor seinem Tod, sagte er bei einem Frühstücksgespräch zu einer Journalistin: »Mir scheint, das ist es, was wir zu tun haben, wenn nur noch Monate, oder was immer – Zeit bleiben. Dann möchte ich klar machen: Wenn es einen Grund für mich gibt, die Regeln zu verstehen, unter denen dieses Absurdistan, in dem wir leben, funktioniert, dann darum, weil ich und auch meine Freunde wissen, wo wir NICHT mittun. Wodurch wir unsere Seele, unsere innere Wahrnehmung, unsere innere Welt nicht beeinflussen lassen … Ich hüte mich, lass es nicht ins Herz hineinkommen; nicht die Gen-Angelegenheit, nicht die Illusionen von Gesundheit.«[41]

Ivan Illich spricht von der »Conditio humana«, die im Wesentlichen unveränderlich sei. Leben, sagt er, sei auch Leiden, Altern, Sterben. Der Amazon-Gründer Jeff Bezos und der Facebook-Chef Mark Zuckerberg stecken gerade Milliarden in die Altersforschung, ja, es ist sogar von Forschungen zur Unsterblichkeit die Rede. Wahrscheinlich geht es ihnen vor allem um sich selbst. »Aber Lebenskunst setzt die Kunst des Alterns und Sterbens voraus. Leidenskunst bringt auch eine neue Kunst des Genießens hervor«, so Illich.[42]

Heute muss sich jeder im Angesicht des Alters und einer möglichen Pflegebedürftigkeit fragen: Was mache ich mit und was nicht? Und werde ich überhaupt die Möglichkeit haben, darüber zu entscheiden, oder wird über mich verfügt werden?

Wir haben uns an den vollkommen absurden Tatbestand gewöhnt, dass niemand in einem Pflegeheim leben will, dass niemand auf der Intensivstation oder in einem Rettungswagen sterben will, dass aber genau das auf sehr viele Alte wartet.

Der zitierte Ivan Illich nennt das »Leben in Absurdistan«. Diese Versorgungseinrichtungen, die uns vollkommen vom sozialen Leben abschneiden, die eigentlich wie Labore funktionieren, sind Aufbewahrungsorte für nicht mehr gebrauchtes Leben. Einem Besucher einer Kurzzeitpflegeeinrichtung springt am Eingang zu einem Flur mit vielen Türen die Aufschrift »KZ« (Kurzzeitpflege) entgegen. Erschrecken bei dem Besucher. Hat da niemand an die Assoziation gedacht, die diese Abkürzung auslöst?

Dennoch werden wir wohl mit geneigtem Kopf eingestehen müssen, dass wir ohne solche Orte nicht auskommen. So ist diese Gesellschaft gebaut: als ein Ensemble von gesundheits- und lebensgierigen Singles, denen die Orte und Milieus verloren gegangen sind, an denen man auch im Alter noch am Leben teilhatte. An deren Stelle sind die konstruierten Spezialinstitutionen getreten, die niemand will und die doch alles, was da kreucht und fleucht, in sich aufsaugen.

Vor gar nicht einmal allzu langer Zeit war es anders, nicht unbedingt idyllisch, aber das Leben der Alten war an das Leben der Jüngeren angeschlossen. So wie bei Rinas Mutter. Die schwergewichtige alte Frau im schwarzen Kleid saß in dem einfachen, alten italienischen Haus ihrer Tochter und ihres Schwiegersohnes Tullio neben dem Kamin. Sie saß da, wortkarg und anspruchslos, am Rande des Lebens und am Rande des Wohnzimmers, aber immer noch dabei und von beiden umsorgt.

Die nächste alte Generation in diesem italienischen Dorf liegt schwer dement, monatelang, jahrelang unansprechbar und reglos in einem Heim im nächsten Ort, gut versorgt, aber jedes sozialen Zusammenhangs beraubt. Hunderttausende liegen in Europa so in irgendwelchen Betten, in irgendwelchen Zimmern, und warten auf nichts mehr als auf den Tod. Ihr einziger Lebenssinn scheint zu sein, die Einrichtung zu finanzieren, Jobs zu schaffen und Medikamente zu verbrauchen. Tun wir ihnen Gutes? Gibt es irgendjemanden, der so leben möchte? Menschliche Opfer, die uns ratlos machen, die bei den Zuschauenden die bohrende Frage »Abschalten?« aufkommen lassen. Noch gibt es zum Glück den Konsens, dass der Respekt vor der Heiligkeit des Lebens es nicht erlaubt, allzu laut an diese Option zu denken.

Absurdistan ist unser Altersalltag, und niemand weiß, ob wir von diesem Weg, den die Gesellschaft eingeschlagen hat, je wieder wegkommen. Wir wissen ja nicht, was wir mit all den alten Menschen tun sollen. Wird das so bleiben? Wohin haben wir uns entwickelt?

Es ist nicht erkennbar, wie wir ohne Pflege-Absurdistans auskommen könnten. Aber es ist eine quälende, eine schwierige und eine unabweisbare Aufgabe hinzuschauen. Aus Mitgefühl für die, die dort arbeiten, aus Mitgefühl mit denen, die dort als Kunden leben.

Berichte über Missstände tragen dazu bei, dass die Illusion aufkommt, man müsse nur Einzelfälle korrigieren. Im Grunde muss man eingestehen, dass dabei nur an einer Optimierung Absurdistans gearbeitet wird. Man muss sagen: Es besteht die Gefahr, dass das Schlaglicht, das auf Skandale gerichtet wird, dazu beiträgt, den alltäglichen Skandal auszublenden. Man tut besser daran, die Skandalgeschichten als Geschichten begreifen, in denen sich das Absurde an Absurdistan nackt zeigt.

Die Ehefrau eines Mannes, der an Demenz leidet, berichtet, was ihrem Mann zugestoßen ist. Es geschah in Baden-Württemberg: Der siebzig Jahre alte Mann wird von der behandelnden Neurologin zur medikamentösen Einstellung in die geschlossene Abteilung der Psychiatrie eingewiesen. Das Zimmer, in das er geschickt wird, weist ein unbezogenes Bett, ein Kissen, eine Decke und eine Wasserflasche auf. Alle persönlichen Gegenstände werden ihm sogleich mit der Begründung weggenommen, dass davon eine Gefahr ausgehen könnte: Kekse, Geldbeutel, ein Demenzmuff zur Beschäftigung der Finger, eine Mundharmonika, ein Bildband. Welche Gefahr von diesen Gegenständen ausgehen könnte, bleibt unerfindlich. Wer kommt auf solche Ideen? Die Suche, die Sucht nach Sicherheit, die sich hier verselbstständigt hat, macht deutlich, in welcher dunklen Sackgasse der Angst wir gelandet sind.

Es gibt – so berichtet die Frau – keinerlei Pflege. In sechs Wochen sei der Mann einmal geduscht worden. Es findet keine Anamnese statt, um zu klären, ob der Mann Hörgeräte oder ein Gebiss trägt. Es interessiert niemanden. Der Mann läuft meistens nackt in dem Zimmer herum, kann mit der Wasserflasche nichts anfangen, dehydriert völlig. Zeitweise ist die Toilette abgeschlossen, der

Kranke uriniert ins Zimmer. Es ist mit Fäkalien verschmiert, und niemand beseitigt sie.

Das Personal schafft es in den ersten Tagen nicht, das langsame »Ausschleichen« aus der Medikamentierung zu überwachen, und verursacht so einen plötzlichen heftigen Entzug beim Patienten. Die Ehefrau hat darauf hingewiesen, dass der Mann unter starker Wasseransammlung in den Beinen leidet und schlechte Erfahrungen mit einem verschriebenen Medikament gemacht habe. Als der behandelnde Arzt die Ehefrau fragt, ob man ihren Mann künstlich ernähren dürfe, ist sie alarmiert und verlangt endlich ein Besuchsrecht. Das wird ihr zögernd bewilligt.

Sie ist entsetzt, wie sehr sich der Zustand in den wenigen Wochen verschlechtert hat – verschmutzt, dehydriert und vollkommen abgemagert. Nur wenige Pfleger haben Zugang zu ihm gefunden. Man habe, berichtet sie, ihn als bösartig und gefährlich einfach weggeschlossen, ohne zu verstehen, dass das ablehnende und ruppige Verhalten seiner Krankheit und den damit einhergehenden Ängsten zuzuschreiben war. Die Ehefrau hatte den Mann über Jahre gepflegt, ist selbst Krankenschwester. Auf ihre Einwendungen habe das Personal unwillig oder überhaupt nicht reagiert. Vor allem die Bitte, ihren Mann aus der Isolierung herauszunehmen, sei auf taube Ohren gestoßen. Ohne jede Anregung, ohne Kontakt und Pflege habe man ihn ganze sechs Wochen »wie ein Monster« eingesperrt und damit bewirkt, dass sich sein Allgemeinzustand rapide verschlechterte – inzwischen sei er inkontinent und habe Wasser in den Beinen.

Wie viele solcher Geschichten geschehen und bleiben verborgen? Da wird aus Absurdistan ein Horrorszenario. Wie viele Menschenrechtsverletzungen haben hier stattgefunden? Wie viel Abgebrühtheit ist entstanden, wie viel Überlastung war da, bis so etwas möglich wurde?[43]

Hier bestätigt sich, was oft zu hören ist: Wenn es niemanden mehr »draußen« gibt, der nachfragt, können die schlimmsten Sachen geschehen. In Absurdistan angekommen kann man sich noch ein Überleben ausmalen, aber was ist, wenn niemand mehr nach einer Freiheitsberaubung fragt? Was ist, wenn niemand mehr gegen die künstliche Ernährung Einspruch erhebt? Was ist, wenn jemand auf dem nicht bezogenen Bett, hinter abgeschlossener Tür einfach verdurstet?

Je größer der Versorgungsapparat, je profitorientierter, anonymer, unkontrollierbarer, desto häufiger dürften Geschichten wie die erzählte vorkommen. Und wehe dem, der keine Kinder oder Freunde hat, die nachfragen! Ist es an der Zeit, dass alte Menschen Selbsthilfegruppen gründen, die sich dazu verabreden, sich gegenseitig zu schützen, damit sie dem Versorgungsapparat nicht hilflos ausgeliefert sind? Patientenschutz in Selbsthilfe? #metoo für die Alten?

Da ist das erleuchtete Fenster im ersten Stock des Pflegeheims. Ein alter Mann geht – nein, er schleppt sich zum Sessel, der am Fenster steht. Links ist das Pflegebett erkennbar, in der Mitte ein großer Bildschirm, der Fernsehapparat. Von außen, von unten schaut man hoch, ein Bild, das widersprüchliche Gefühle auslöst. Ja, wo soll er denn sonst sein als hier? Ja, wie soll es denn anders aussehen als so?

Der französische Soziologe Jean Baudrillard hat das schon 1982 exakt beschrieben, und man kann seine Worte vierzig Jahre später nur mit Schrecken nachsprechen, denn es hat sich nichts geändert, es ist nur schlimmer geworden: »Das dritte Lebensalter wird für die gesellschaftliche Verwaltung zu einer gewaltigen toten Last. Ein ganzer Teil des gesellschaftlichen Reichtums (Geld und moralische Werte) verpufft, ohne dem Alter einen Sinn geben zu können. So wird ein Drittel der Gesellschaft in einen Zustand der Sonderung und des ökonomischen Parasitentums versetzt. Die dem Terrain des Todes abgerungenen Gebiete sind gesellschaftlich verwüstet.

Das erst kürzlich kolonisierte Greisentum der modernen Zeit lastet auf dieser Gesellschaft mit dem gleichen Druck wie die seinerzeit kolonisierten Völker der Eingeborenen. Der Ausdruck Drittes Lebensalter sagt genau, was es beinhaltet: eine Art von Dritter Welt.«[44]

Die Alten, so Baudrillard, seien zu einem Tod verurteilt, der ständig zurückweicht, mit der Folge, dass dieses Alter seinen Rang und seine Vorrechte verliert. Das war einmal anders: Der Status des Greises, der durch den des Ahnen vollendet wird, war der angesehenste. Aber der Greis war auch ein seltener Fall. Als Massenphänomen wird das Alter zum »trash«, zum Müll.

Nur aus der Distanz wird Absurdistan als das erkennbar, was es ist. Die wohlbegründete Sicherheitsmanie im Umgang mit Pflegebedürftigen nimmt in Kauf, dass das Leben ausgesperrt wird. Der amerikanische Schriftsteller David Abram sagt: »Nur wenn wir die Unsicherheit von Anfang an begrüßen, können wir uns an das umwerfend-erschütternde Wunder, das uns umgibt, gewöhnen.« Die Unsicherheit begrüßen? Gilt das nur für Gesunde, Junge, Fitte? Oder liegt die Rettung auch an solchen Orten darin, dass die Unsicherheit ihren Platz haben muss, weil sonst die Todesstarre schon eintritt, bevor das Leben aus dem Körper gewichen ist?[45]

In Kindergärten darf – so ist zu hören – zu Geburtstagen kein Kuchen mehr mitgebracht werden, weil die Kontrolle fehlt. In Pflegeheimen und Krankenhäusern verhindert das Gitter, dass jemand aus dem Bett fällt. Zur Sturzprophylaxe werden wattierte Hosen angezogen. Im Grunde ist die Fixierung mit Gurten oder mit Medikamenten die logische und konsequente Antwort auf eine vom Sicherheitszwang beherrschte Altenversorgung. Die Patientenverfügung soll alle Eventualfälle ausschließen, und »Advance Care Planning« (Vorausschauende Versorgungsplanung) ist die neuste Mode, die sich wie ein Flächenbrand ausbreitet: ein Fragebogen, der von geschultem Personal (ACP-Experten) mit dem terminalen

Patienten durchgesprochen wird und jede denkbare Behandlungsentscheidung voraus bedenkt. Ein Fahrplan für den letzten Lebensabschnitt, ein Sterben auf der höchsten Sicherheitsstufe. Aus den Antworten des Sterbenden wird mit Hilfe von ACP ein Algorithmus abgeleitet, der die Behandlung vorauszuplanen erlaubt. Abgesehen davon, dass ACP ein einträgliches Geschäft für seine Erfinder geworden ist, erreicht damit der Versuch, das Lebensende zu einem Planungsprojekt zu machen, seinen vorläufigen Endpunkt.[46]

Man muss feststellen: Die Verseuchung des Lebensendes durch Planung scheint unaufhaltsam. ACP ist eine Vorhut: Sie läutet das Zeitalter ein, in dem algorithmische Steuerung des Alters und des Sterbens ins Auge gefasst wird. »Eine Vorbeugung gegen den Tod auf Kosten einer kontinuierlichen Abtötung« nennt das Baudrillard – das ist die paradoxe Logik der Sicherheit in der Altenversorgung.[47] Der zwanghafte Sicherheitstrieb ist nichts anderes als eine Vorwegnahme des Todes im Leben. Anders gesagt: Die Sicherheit ist die industrielle Fortsetzung des Todes.

»Von Absicherung zu Absicherung, von Verteidigung zu Verteidigung, unter dem Einfluss aller Gerichtsbarkeiten, Institutionen und modernen materiellen Dispositiven ist das Leben nur noch eine trübselige defensive Buchhaltung, die in ihrem Sarge alle Risiken einschließt. Eine Buchhaltung des Überlebens anstelle einer radikalen Verbindung von Leben und Tod.«[48]

Wir haben uns so daran gewöhnt, dass die sichere Verwahrung der Alten die Hauptaufgabe der Pflege ist. Dass sie dabei vom Leben abgeschnitten werden, wird nicht debattiert. Eine Provokation, die im Mai 1968 formuliert wurde, die damals den Nerv der sich aufplusternden Sicherheitsgesellschaft traf, lautete: »Die Sozialversicherung ist die gesellschaftliche Prothese einer toten Gesellschaft.«

Diese studentische Frechheit leuchtete damals ein, weil es noch ein Gefühl für Freiheit gab. Heute, da diese Sicherheitsgesellschaft sich längst perfektioniert hat, klingt das nicht mehr nach Befreiung, sondern löst Ängste aus. Das wohl auch deshalb, weil die Perfektion der Sicherheitsgesellschaft immer noch vorangetrieben wird, diese aber gleichzeitig immer mehr Lücken und Brüche aufweist. Das Misstrauen wächst. Die Angst auch.

Anspruch und Mündigkeit im Alter

Alte Menschen sind liebenswürdige, manchmal lieblose, freiwillige, manchmal gezwungene Adressaten von Versorgung. Jeder, der eine solche Versorgung auf sich zukommen sieht, ist wohl erst einmal erschrocken. Nun ist es soweit: Ich falle zur Last. Und vielleicht kommen andere Frage hinzu: Wer soll das bezahlen? Wird das Personal freundlich-nachsichtig oder barsch mit mir und meinen Schwächen umgehen?

Es ist ganz einfach und ganz kompliziert: Pflegebedürftige Menschen sind tendenziell hilflos. Sie laufen Gefahr, wie Objekte einer Versorgungsmaschinerie ausgeliefert zu sein. Eine vulnerable Gruppe, die sich ängstlich den Vorgaben fügt. Manchmal gibt es bei ihnen cholerische Anfälle, Wutausbrüche, Bockigkeiten, denen das Pflegepersonal dann ausgeliefert ist. In den meisten Fällen sind diese Ausbrüche wohl damit zu erklären, dass ein Mensch sich nicht wahrgenommen oder missverstanden fühlt, dass Zuwendung und Verständnis vermisst werden. Dann kann, besonders bei Menschen mit Demenz, aus der Schwäche zuschlagende Gewalt erwachsen. Dann lautet die Frage: Wie kann die Pflege besser werden?

Manchmal ist diese zuschlagende Gewalt aber überhaupt nicht in schlechter Behandlung begründet. Sie bleibt allen Beteiligten ein Rätsel, ob Pflegefachkraft oder pflegende Angehörige. Habe ich nicht alles Menschenmögliche getan, was will sie denn nun noch?

Vielleicht ist es hilfreich, das Verhältnis von Pflegenden und Gepflegten einen Augenblick lang einmal als Verhältnis zu betrachten, das koloniale Züge trägt: Die Entscheidungsmacht liegt bei der einen Seite. Die andere Seite ist abhängig und muss sich dieser Macht fügen. Ein Schritt in die Entkolonisierung ist nur möglich, wenn beide Seiten die koloniale Atmosphäre abstreifen wollen. Die Handelnden müssten in den Spiegel schauen und sich fragen: Wie begegne ich denen, die ich pflege? Welche Gefühle bestimmen mein Tun? Bin ich aggressiv? Bin ich einfühlsam? Und die Behandelten müssten sich fragen: Kann ich der Person, die mich pflegt, dankbar sein? Unterwerfe ich mich, um keinen Unwillen zu erregen? Kann ich mich aus der Angst und dem Ärger, den ich spüre, befreien? Handelnder und Behandelter sind nicht auf Augenhöhe. Die Verlockung, in koloniale Muster zu verfallen, ist auf beiden Seiten da. Entkolonialisierung ist ein mühsamer Prozess. Auf beiden Seiten.

Von Generation zu Generation wird dieser Prozess unterschiedliche Züge aufweisen. Die Pflegebedürftigen, die jetzt alt sind, haben zwei große Erfahrungsschübe hinter sich. Zum einen entstammen sie der Disziplinargesellschaft, in denen dieses Muster vorherrschte: autoritäre Väter, fügsam-abhängige Mütter. Auch wenn jemand achtzig geworden ist, klingt dieses Muster nach. Man hat Gehorsam gelernt.

Aber der Disziplinargesellschaft folgte zum anderen die Konsumgesellschaft, die auf den Trümmern wuchs. Eine merkwürdige Mischung, die in eine Anspruchshaltung mündete: Ich habe Anspruch auf A, ich brauche B. Viele der jetzt alten Pfleglinge schwanken vermutlich zwischen der erlernten Bereitschaft, sich zu fügen, und einer Haltung, die tendenziell keine Grenzen des Wachstums kennen will.

Die Generation der Babyboomer wird da ganz anders sein: Sie wird sich nicht fügen, sie wird Mitspracherechte einfordern. Aber

Anspruchsgrenzen wird sie sich selber auch nicht setzen. Dazu gehört vermutlich, sich nicht in vorauseilendem Gehorsam zu unterwerfen, den Mut zum Widerspruch aufzubringen.

Es gibt natürlich unterschiedliche Typen im Heim, im Krankenhaus, im Hospiz. Aber grundsätzliche generationelle Fragen machen sich auch dort bemerkbar. Vielleicht steht künftig auch im Pflegezustand eine wachstumskritische Haltung auf der Agenda? Ein »Nein, danke! Das brauche ich nicht auch noch«?

Ein Extrembeispiel für eine solche Reflexion hat Lee Hoinacki berichtet. Es soll sicher nicht als Aufforderung verstanden werden, es genauso zu machen – und doch geht es in der Geschichte von Jeremy um eine erstaunliche Haltung im Alter, die auch mit Selbstbestimmung und Mündigkeit zu tun hat.

Hoinacki war anfänglich Priester, ein Dominikaner, dann Professor für Politikwissenschaft, später ein Farmer, der von seinem kleinen Acker zu leben versuchte. Er erzählte von den Besuchen bei seinem alten Freund Jeremy, auch er Priester und Mönch, weit gereister Meister und Lehrer an vielen Universitäten. In der Gegenwart dieses Freundes, der sich vom »Anhaften« an Dinge und Erlebnisse befreit hatte, so Hoinacki, sei für ihn der Atemhauch der Freiheit spürbar geworden.

Jeremy hatte sich in einen kleinen Fischerort in Mexiko zurückgezogen und saß bei Hoinackis Besuchen meist vor einem Zementblock, der ein Kindergarten sein sollte, und zupfte Unkraut aus dem Rasen, den er dort ausgesät hatte. Er lebte in einem kleinen Abstellraum am Ende des Kindergartens, vollgestopft und dreckig. Täglich ging er auf den Markt, um zu essen. Unter einem Dach, die Seiten offen, der Boden schmutzig, ließ er sich nieder. Auf einer Bohle, an einem rohen Tisch. Eine Frau mit einem Gasbrenner bereitete dort ein sehr einfaches Mahl für Gäste. Jeremy tauschte Neuigkeiten mit ihr aus und wartete. Ohne zu fragen, brachte ihm die Frau jeden Tag das gleiche Essen – Fisch, Bohnen und ein Gemüse, das sie an diesem Tag hatte. Nach dem Essen packte Jeremy die Gräten in eine schmutzige Plastiktüte, um sie seiner Katze mitzubringen.

Ein Jahr später kam Lee erneut und fand ihn dem Zustand, den wir Verwahrlosung nennen würden, noch näher. Jeremy trug löchrige Turnschuhe, mit Band umwickelt, damit sie nicht auseinanderfallen. Der Reißverschluss an seiner Hose war kaputt, der Schlitz mit einer Sicherheitsnadel notdürftig verschlossen, Hose und Hemd zerrissen und offensichtlich seit Wochen ungewaschen. Unter dem Wasserbecken eine Schüssel, um herauslaufendes Wasser aufzufangen. Jeremy benutzte es, um die Toilette zu spülen.

»Was ich sah«, stellte Lee Hoinacki überrascht fest, »war nicht ein Mann, der senil geworden war oder geistig verwirrt, sondern jemand, der im Geiste der Ablösung lebte, jener Ablösung, von der Jesus in den Evangelien erzählt … Ich fand einen wahrhaftig glücklichen Menschen vor.«

Vor Jeremys Zimmer stand immer noch das selbstgemalte Schild: »Lächle und schenke Deinem Gesicht etwas Erholung.« (»Smile and give your face a rest.«) Hoinacki sah in ihm einen Menschen, der an das Ende seines Lebens gekommen ist und der sein Leben in Treue zu seinem mönchischen Gelöbnis geführt hatte.

Einige Zeit später fand ein letzter Besuch bei Jeremy statt, der nun in einem Altersheim lebte. Ein Mensch, der bereit ist für den letzten Schritt, den Schritt in den Tod. Für diesen Schritt müsse man frei sein, sagt Hoinacki: »Man kann nicht damit fortfahren, die Welt zu umarmen und sich der List der Welt anzuschmiegen.« Und er zitiert die französisch-jüdische Schriftstellerin Simone Weil: »Die Anhaftung ist es, die Illusionen hervorbringt, und wer das Wirkliche erkennen will, muss sich davon lösen.«[49]

Das Gebiss, das Jeremy nicht mehr trug, lag irgendwo in der Schublade. Die eingesunkenen Wangen, der faltige Mund: Es interessierte ihn nicht mehr. Er lebte in dieser Einrichtung, in diesem

Heim. Er hatte ein Zimmer mit einem Bad. Die Mahlzeiten wurden jeden Tag genau zur gleichen Zeit am gleichen Platz serviert. Es wurde alles für ihn getan. In seinem Rollstuhl fuhr er in die Halle des Heims, beobachtete die Menschen oder sprach mit ihnen. Jeden Tag fuhr er an einer sehr einfachen Foto-Reproduktion einer Jungfrau Maria mit dem Kind vorbei und verrichtete dort sein Gebet. Er war nicht mehr auf der Suche nach seinem Selbst, Authentizität war ihm gleichgültig geworden.

Lee Hoinacki fühlte sich an eine Passage von Meister Eckart erinnert, die für ihn erst durch Jeremy wirklich begreifbar wurde: »Selig sind die geistig Armen. Arm ist, wer nichts hat. Wer geistig arm ist, ist in der Lage, sich dem Geist zu öffnen. Gott ist der Geist aller Geister. Die Frucht des Geistes ist Liebe, Freude und Frieden. Achte auf Dich, dass Du von allem Kreatürlichen abgeschieden bist, von allen Tröstungen durch Kreaturen. Solange Kreatürliches Dich tröstet, wirst Du nie wirklichen Trost finden. Wenn Dich aber nichts trösten kann außer Gott, dann wirst Du wirklich getröstet sein.«[50]

Jeremy war auf eine merkwürdige und für uns schwer erträgliche Weise frei von Bedürfnissen. Alte Menschen werden heute, wenn sie nicht aufpassen, schnell als Musterfiguren der Bedürftigkeit missbraucht. Symbole für die Abhängigkeit von Bedürfnisbefriedigungen. Auf dem Weg in die totale Abhängigkeit. Für viele der Älterwerdenden ist das Pflegeheim die schreckliche Endstation des Lebens, wo keiner hinmöchte, aber doch viele landen. Jeremy begriff das Pflegeheim offenbar als ein letztes »exercitium«. Er hatte sich von der Bedürftigkeit befreit, die Ketten der Modernität zerbrochen, war den Fallen der Wohlstandsgesellschaft entkommen. Den Ort der totalen Abhängigkeit verwandelte er in einen Ort vollkommener, letzter Freiheit. Unmöglich?

Noch einmal sei Simone Weil in Erinnerung gerufen. »Das Unmögliche – wenn das radikal Unmögliche uns begegnet, dann erfahren wir das Absurde. Das Absurde aber ist das Tor, das uns zur Transzendenz leitet. Alles, was wir tun können, ist, an diese Tür zu klopfen. Jemand anderes öffnet.«[51]

Das Pflegeheim ist heute vielleicht in besonderer Weise der Ort, an dem der Fortschritt zu Hause sein soll und an dem er gnadenlos scheitert. Heimliches Motto scheint das olympische »Citius, altius, fortius« – »Schneller, höher, stärker« zu sein, wenn man an die Versorgungsmaschinerie denkt, die sich ständig fortentwickelt. Eine Institution, die sich permanent aufrüstet, die aber permanent vom Scheitern bedroht ist, weil die Bedürfnisse der hier abgegebenen extrem Bedürftigen nie werden befriedigt werden können.

Die Alten geraten dabei immer mehr ins Hintertreffen. Je moderner die Gebäude und die optimierte Versorgung werden, desto hilfloser scheinen die Alten im Angesicht der stahlgläsernen Designerheime dazustehen. Diese Entwicklung zu einer immer perfekter werdenden Altendienstleistung, in der Altwerden und Sterben zur Wellnessaufgabe zu mutieren scheinen, macht sprachlos.

Jeremy hat seine Antwort gefunden, die nicht für andere gelten muss und kann. Seine Freiheit ruht im »Nein, danke!«. Dieses »Nein, danke!« kann wohl manchmal die zeitgemäße, die uns angemessene Form des Mutes und des Kampfes um Befreiung sein.

Die Wirklichkeit in den meisten Heimen ist dicht dran an den Szenen, die die Schriftstellerin Marie Laborde beschreibt:

»Eine sehr alte Frau dreht den Kopf zu mir. Sie sitzt auf ihrem Bett, leichenblass, Oberkörper nackt, die Brüste mitleiderregend, die Haut auf ihrem Skelett zerknittert, auf der die Knochen sich abzeichnen mit der Klarheit einer anatomischen Tafel. Ich sehe an ihren Augen, dass sie den Boden unter den Füßen verloren hat, sie geht unter, sie ist schon nicht mehr von dieser Welt. Ein fortwährendes Stöhnen entweicht aus ihrem von einem Grinsen verzerrten Mund. Diese Frau ist das Leid in seiner reinen Gestalt.

Fräulein Claudie scheuert sie mit kräftigen Stößen des Waschlappens ab. Die alte Frau deutet eine Bewegung an, um ihren Arm zurückzuziehen. Das aber nervt Fräulein Claudie.

›Zieren Sie sich nicht so, Omchen, Sie halten auf, ich muss mich nicht nur um Sie kümmern, was denken Sie, ich habe nach Ihnen noch zehn, die auf mich warten. Sie müssen gewaschen werden, ich muss meinen Aufgabenkatalog befolgen, ich muss Sie waschen, basta! Nachher werden Sie gut riechen, das tut gut, sauber zu sein, und gut zu riechen anstatt nach dem Pipi der Alten, nicht?‹«[52]

Niemand möchte in der Lage der alten Frau sein, aber wer möchte schon Claudies Arbeit machen? Was soll sie denn machen? Das Alter stellt uns vor Fragen, auf die es keine Antworten gibt. Erst im Paradies wachen vielleicht sanfte Engel über uns, die uns trösten und uns geneigt sind. Das Tor zum Alter, zu diesem Alter der welken Haut und der Hinfälligkeit, trägt für uns die Überschrift, die Dante in der *Göttlichen Komödie* über das Höllentor geschrieben sieht: »Ihr, die ihr hier eintretet, lasst alle Hoffnung fahren.«

Die alte Frau, die (im Roman) diese Szene beobachtet, schreibt an den Präsidenten der Republik: »Verbieten Sie den Krankenhelfern und Krankenschwestern, die Alten wie die Pferde zu striegeln und aus dem Waschen mit dem Handschuh, der Dusche, dem Wechseln der Bettwäsche Folter-Sitzungen zu machen. Stoppen Sie die hygienische Misshandlung der Alten.«[53] Aber wie soll es denn gehen, wenn die Zahl der Alten wächst und wächst und die Zahl der Pflegenden schrumpft und schrumpft? Es mündet doch alles in eine hoffnungslose Trostlosigkeit … oder?

3.

Was muss geschehen? – Die Rettung der Pflege kommt von außen

Die Zukunft der Pflege – Drei Szenarien

Es ist eine verrückte Situation: Alle Beteiligten wissen, dass die Pflege in der Sackgasse steckt. Jeden Tag gibt es eine neue Studie über den Pflegenotstand. Jeden zweiten Tag gibt es neue Vorschläge, wie man sich aus der verfahrenen Lage retten kann: mehr Geld, mehr Anerkennung, mehr Import von Pflegekräften aus Lateinamerika, Asien oder Afrika. Das wäre ein krasses koloniales Muster – Europas Alte, weiße Männer und Frauen, gepflegt von internationalen Randfiguren. Wer Spargel erntet und Tomaten pflückt, könnte doch auch die Alten pflegen?

Ein bekanntes Muster: Das koloniale Europa hat seinen Reichtum auf der räuberischen Ausbeutung der Ressourcen des Südens begründet. Sollen wir jetzt die billigen und willigen Arbeitskräfte aus dem globalen Süden holen? Sie sind nicht nur billig, sondern sie kommen aus Gesellschaften, die sie (vor allem die Frauen) mit Fähigkeiten ausgestattet haben, die bei uns längst ausgestorben sind: Sie können Beziehungspflege. Sie verfügen über die Kraft der Zuwendung. Sie sind Pflegegold, das man horten kann. Menschen, die importiert werden und deren soziale Wärme man abzapfen kann wie Kautschuk.

In Kolonialzeiten haben die mächtigen nördlichen Staaten ihren Reichtum gesteigert, indem sie Menschen und Materialien als Ressourcen angesehen und sie als Sklaven oder in Form von Gold aus dem Land geschafft haben. Wir bilden uns ein, wir hätten diese Kolonialzeiten überwunden. Tatsächlich leben wir in einer Sklavenhaltergesellschaft, in der die meisten Sklaven unsichtbar geworden sind. Jeder von uns hat – so wird geschätzt – acht bis zehn solcher Sklaven in den armen Gesellschaften: Sie arbeiten auf Baumwollplantagen, in der Textilindustrie, sie ernten die Avocados, die wir essen, sie schürfen nach seltenen Erden, und nicht selten ist Kinderarbeit dabei.

»Grenzüberschreitende Abwerbung von Pflegekräften« ist die neue Antwort auf den Pflegenotstand.[54] Aus afrikanischen Ländern, aus Asien und aus Lateinamerika werden Pflegekräfte, Krankenschwestern, Ärztinnen und Ärzte abgeworben, aus ländlichen und städtischen Gegenden, in denen solches Fachpersonal ohnehin schon selten ist. Aber wer kann es einer namibischen Pflegekraft verdenken, dass sie dem Angebot, in Frankfurt zu arbeiten, folgt, wenn sie dort das Zehnfache verdienen kann?

Die erste und naheliegende Antwort auf das Personalproblem in der Pflege ist also: Wir werben die Pflegekräfte aus dem Süden ab. Das ist Kolonialismus pur, daran kann kein Zweifel bestehen. Die neoliberale Gesellschaft saugt die subsistenzstarken armen Gesellschaften aus. In ihnen lebt meist noch ein Respekt vor den Alten, der uns abhandengekommen ist und der wie ein Balsam auf die gekränkten Seelen und die Dekubitus-Wunden der Alten wirkt.

So scheint das Pflegeproblem lösbar: Es gibt ja Milliarden, die nur zu gern zu uns kämen, um hier zu arbeiten und hier zu leben. Es schließt jedoch ein paar dunkle Seiten ein: sprachliche, kulturelle, religiöse Differenzen, die vielleicht keine große Rolle spielen, wenn man Spargel erntet oder Tomaten. Bei der Pflege ist das schon anders. Es wird viel von der Würde im Alter gesprochen. Aber unseren letzten Lebensabschnitt so zu verbringen, dass wir auf die Hilfe von Menschen angewiesen sind, deren Armut ausgenutzt wird, die weit entfernt von ihrer Familie leben und hier meist unter kläglichen Wohn- und Lebensbedingungen ihr Leben fristen – ist das würdig?

Unbestreitbar ist das eine Wiederkehr des Kolonialismus unter leicht veränderten Bedingungen. Und Kolonialismus ist würdelos, nicht nur für die Opfer, sondern auch für die Profiteure. Wenn das Lebensende in der Leistungsgesellschaft noch einmal zu einem Akt wird, der nur auf der Basis von kolonialen Praktiken möglich ist, dann wird den Pflegekräften aus der Ferne und den Gepflegten hier ihre Würde genommen. Diejenigen, die noch nicht pflegebedürftig sind, sie sollten nicht vergessen, dass alles, was wir den Pflegebedürftigen antun, auf uns zurückschlägt.

Was wir der Welt antun, tun wir gleichzeitig uns an, denn das Ich und der Andere, Menschlichkeit und Natur sind nicht voneinander getrennt.[55] Für die Pflegebedürftigen gilt Gleiches: Wir versuchen, sie abzusondern, zum Verschwinden zu bringen, und dennoch wissen wir zugleich, dass sie zu uns gehören.

Wie soll es weitergehen? Die Wahrscheinlichkeit ist groß, dass die Lösung unserer Probleme tatsächlich im Anwerben ausländischer Pflegekräfte werden wird. Dass wir letztlich eine koloniale Antwort auf die Frage der Pflege geben werden. Gemischt mit einer kräftigen Dosis Automatisierung kann der industrialisierte Pflegekomplex, der wie die Titanic durchs Meer fährt, noch einmal am Eisberg, den er fast gerammt hätte, vorbeischlittern.

Versuchen wir, in die nahe Zukunft zu schauen, dann drängen sich drei mögliche künftige Szenarien auf, die die Entwicklung der Pflegeszene abbilden: ein Horrorszenario, ein Technoszenario und ein Caring-Society-Szenario.

Horrorszenario

Alle Trends und alle Erfahrungen derer, die praktisch in der Pflege arbeiten, sehen uns auf dem Weg in eine sich immer schneller zuspitzende Pflegekatastrophe. Auch der »Import« von Pflegekräften kann diesen Abwärtstrend nicht bremsen, allenfalls etwas mildern. Die Zustände in der ambulanten und der stationären Altenpflege verschlechtern sich kontinuierlich. Es muss nicht unbedingt gewalttätiger werden, aber es deutet sich die Entwicklung einer Verwaltung der zu menschlichem Ballast herabgewürdigten Alten an, die sie endgültig an den Rand der Gesellschaft drängt.

Seit Langem kursieren dystopische Horrorszenarien, die davon sprechen, es gehe schlussendlich um eine Abschaffung dieser »Altenlast«. Solche Dystopien kreisen um die Frage, wie man die vielen Alten, die ja doch nur vor sich hin leiden und die den Nachkommen Lebenschancen stehlen, wegkriegt.

Aldous Huxley beschreibt in seinem Roman *Schöne neue Welt* (1932) eine zukünftige Kontrollgesellschaft, die ganz selbstverständlich dann, wenn eine bestimmte Zahl von Lebensjahren erreicht ist, altgewordene Menschen in Sterbekliniken abschaltet. Schulklassen werden bei Besuchen dieser Kliniken mit Schokoladenbaisers gefüttert und so von Beginn an dazu konditioniert, diesen Abschaltungsvorgang als selbstverständlich und sogar angenehm hinzunehmen.

Das Werk von Aldous Huxley beginnt mit einem Zitat des Philosophen N. A. Berdjajew. »Das Leben bewegt sich auf die Utopien zu«, heißt es dort, und deshalb stelle sich die Frage, wie sich »ein neues Jahrhundert des Sinnens und Träumens« eröffnen könne, das es erlauben würde, »zum nicht-utopischen, unvollkommeneren und freieren Staat zurückzukehren«.

Im Grunde steht im Pflegethema die radikale und grundsätzliche Frage auf der Agenda: Gelingt es uns, eine andere Richtung einzuschlagen oder rutschen wir sehenden Auges in die Katastrophe?

In Dystopien werden Schreckensvarianten davon vorweggenommen, zum Beispiel auch in dem Film *Soylent Green* von 1973, der – man höre und staune – im Jahr 2022 spielt. In New York City leben vierzig Millionen Menschen, es mangelt an Wasser, Nahrung und Wohnraum. Überraschend prophetisch: Im Jahr 2022 veranlasste Michael Bloomberg, der Bürgermeister von New York, tatsächlich Notstandsmaßnahmen, weil das Wasser nicht mehr ausreichte. Geschätzte 80.000 Menschen waren obdachlos. Mangel an Wasser, Nahrung und Wohnraum – diese Phänomene explodieren gerade weltweit.

Im Film *Soylent Green* gibt es öffentliche Tötungsanstalten, in denen man sich »einschläfern« lassen kann. Die Leichensäcke aus den Tötungsanstalten werden aber nicht »entsorgt«, sondern zu Soylent Green verarbeitet, dem Nahrungsmittel für die hungernden Massen.

So weit, wie es dieser Science-Fiction-Film treibt, wird es wohl nicht kommen. Was aber passiert, wenn unsere Gesellschaft in eine tiefe ökonomische und soziale Krise gerät, wenn es partielle Zusammenbrüche gibt? Die Leistungsgesellschaft, in der wir uns vorfinden, schließt eigentlich diejenigen, die nichts leisten, aus ihren Mauern aus. Der Wohlfahrtsstaat mildert diese Härte. Was aber passiert, wenn der Wohlfahrtsstaat an seine Dehnungsgrenzen kommt? Sind Alte, Behinderte, Leistungsschwache dann noch sicher? Und was, wenn die taumelnde Leistungsgesellschaft in Folge der Klimakatastrophe zu Staub zerfällt?

Der Biologe und Philosoph Andreas Weber schreibt: »Wir leben im Zeitalter der Sechsten Welle, einer biosphärischen Katastrophe, die im Aussterben der natürlichen Vielfalt besteht. Was sich derzeit, in der fortgeschrittenen Expansion der Spezies Mensch, auf dem begrenzten Planeten abspielt, ist der Beginn eines weiteren Kataklysmus in der Folge jener fünf großen Katastrophen, die den Planeten in den letzten vier Milliarden Jahren erschüttert und jedes Mal tief verändert haben.«[56] Wer glaubt denn, dass ein Staat, der von Dürre und Überschwemmung, von Rezession und Arbeitslosigkeit verwüstet wird, sich noch mit so viel Aufwand wie jetzt um seine Schwachen kümmern wird?

Aus der Caring Society kann da schnell eine »Clearing Society« werden. Der assistierte Suizid wurde vom Bundesverfassungsgericht mit Hinweis auf die Autonomie der Menschen beschlossen und in der breiten Öffentlichkeit gefeiert. Wie kommt es, dass die Zahl der Bundestagsabgeordneten, die sich sogleich eifrig um die Frage »Wie machen wir das?« scharen, so groß ist? Sehen sie nicht, dass der assistierte Suizid auch das ideale Instrument ist, mit dem Menschen, die zur Last geworden sind, unter zunehmenden Druck geraten können, sich selbst zu beseitigen?

Aus den Niederlanden wird berichtet, dass die Fallzahlen der Menschen, die Euthanasieangebote in Anspruch nehmen, stetig steigen. 2020 entsprach die Gesamtzahl der Euthanasiefälle bereits 4,1 Prozent aller Todesfälle.[57]

Eine Antwort ist auf dem Tisch, die massenhaft in Anspruch genommen werden kann, wenn die Krise richtig groß geworden ist: Clearing Society. Wenn es knapp wird, könnten die Alten die ersten Opfer einer Triage werden. Die Krisengesellschaft, die auf uns wartet, wird ihnen in den Bewertungskatalogen die schlechten Plätze zuweisen. Wir sind »planetarische Föten, die in den abgesättigten Fruchtwassern des endzeitlichen Industrialismus heranreifen«, resümiert die Wissenschaftstheoretikerin und Feministin Donna Haraway.[58] Wer ist so naiv zu glauben, dass die planetarischen Greise des endzeitlichen Industrialismus nicht in zugespitzter Lage zur Abschaltung freigegeben werden könnten, oder genauer: die Nötigung spüren, sich zu beseitigen?

Maja Lunde hat in ihrem Bestseller *Die Geschichte der Bienen* ein anderes Schreckensszenario beschrieben.

Es ist das Jahr 2098 in China. Tao ist eine Arbeiterin, sie bestäubt Blüten mit der Hand, da die Bienen längst ausgestorben sind. Auf der Suche nach ihrem Sohn gerät sie in ein Stadtviertel, aus dem der Staat sich zurückgezogen und die Menschen umgesiedelt hat. Es leben dort nur noch die, die zurückgeblieben sind, die nicht umziehen wollten. Die Menschen in diesem Gebiet haben nichts mehr.

Auf der Suche nach ihrem Sohn landet Tao in einem Krankenhaus. Es wirkt verlassen. Im dritten Stock sieht sie Licht. Sie geht hinauf. Sie hört ein Geräusch, als wenn Metall über den Boden gezogen wird. Eine Gestalt taucht vor ihr auf, nackte Füße, ungeschnittene Nägel. Es ist eine Frau, die ein metallisches Gestell zieht. Der Infusionsbeutel, der daran hängt, ist leer. Das Haar besteht aus schütteren Büscheln, sie trägt ein fleckiges Krankenhaushemd und eine Windel. Tao riecht den Gestank.

Sie folgt der Frau in einen Raum, in dem Krankenhausbetten stehen. Unbeschreiblicher Gestank. Sie sieht einen Saal, an den Wänden Krankenhausbetten aus Stahlrohr, mehr als hundert. Die Bettwäsche verdreckt. Vor allem alte Menschen, Greise, liegen in den Betten. Sie sind wach, einige wimmern und stöhnen. Einige liegen mit geschlossenen Augen da, wer kann, steht auf. Abgemagerte Gestalten, die heranhumpeln oder auf die Besucherin zukriechen: »Hilfe. Helfen Sie mir. Helfen Sie uns.« Die mit den geschlossenen Augen, die sich nicht erheben, sind – wie Tao erkennt – tot.

Sie rennt davon und findet eine Schwester im erleuchteten Teil des Krankenhauses. Dort wird gepackt, die letzten Patienten wurden verlegt. Die Alten werden zurückgelassen. »Sie werden bald sterben«, sagt die Schwester, vielleicht ist es auch eine Ärztin. »Vergessen Sie, was Sie gesehen haben.«[59]

Eine furchtbare Vision, die Maja Lunde da beschreibt. Eine Geschichte, die hoffentlich warnende Fiktion bleiben wird. Aber können wir da sicher sein?

Die Zahl der Horrorgeschichten aus der Pflege, besonders der Altenpflege, nimmt jedenfalls stetig zu. Die aufgedeckten Fälle haben nichts geändert, es scheint eher schlimmer zu werden. Wenn wir immer wieder ergebnislos die gleichen Fragen an die Pflege richten, müssen wir vielleicht andere Schlussfolgerungen ziehen.

Stellen wir die falschen Fragen? Sind all diese Papiere, Konzepte, Berichte und Zahlenkolonnen aus der Pflegewissenschaft, von Krankenversicherungen, von Ärztekammern und Kabinettsausschüssen vielleicht die Ausgeburt einer Wissenschaft, die ebenso tot ist wie das von ihr untersuchte Areal der Pflege? Wird da mit einer Methodologie gearbeitet, die »mit unabweisbarer Konsequenz die Wirklichkeit in ein Leichenhaus verwandelt«? Wo bleibt in der Informationsschlacht um die Alten die Wissenskunst, die nicht zählt oder analysiert, sondern danach fragt, was wirklich los ist?

Es drängt sich der Eindruck auf, in den trostlosen Arealen der Pflege sei schon realisiert, was ohnehin allenthalben auf uns wartet. Das Leben der Alten, das zum Adressaten von professionellen, verwalteten Dienstleistungen geworden ist, lebt uns vor, was allen droht.

Alle Reformerei in der Pflege muss scheitern, solange sie nicht eine fundamental andere Richtung einschlägt. »Eine Menschengemeinschaft, die eine wechselseitig förderliche Beziehung zur umgebenden Erde unterhält, ist eine Gemeinschaft, von der sich sagen lässt, sie lebt in der Wahrheit«, sagt der Kulturökologe David Abram.[60] Eine solche Gemeinschaft würde sofort und unmittelbar die Wirklichkeit der an den Rand geschobenen Alten umstülpen.

Ist das illusorisch, wirklichkeitsfremd und romantisierend? Wahrscheinlich. Aber nur eine neue Gemeinschaft, die eine lebendige Beziehung zur lebendigen Erde wiedergefunden hat, wird verhindern, dass der Planet verbrennt und die Alten in ihren Betten »verrecken« – was ursprünglich bedeutet: »die Glieder starr ausstrecken und sterben«. Bevor der Planet und die Alten verrecken, muss es eine neue Haltung und eine neue Pflege geben, die aber nur entstehen kann, wenn der Homo sapiens ein neues Verhältnis zur Erde entwickelt, mit der er lebt. Nicht mehr und nicht weniger.

Technoszenario

Wir leben in einem technogenen Milieu und umgeben uns mit Werkzeugen, die von ihren Ingenieuren so konstruiert wurden, dass sie uns, die Nutzer, formen. Das, was die Menschen ehedem beeinflusst hat, war die Gegenwart von Wasser, Sonnenlicht, Erde und Wetter. Jetzt flüstern unsere Werkzeuge, das Smartphone, das digitalisierte Auto, der intelligente Kühlschrank, Alexa und Siri, mit uns. Der Sinn für die Kraft der Verführung, die von diesen Geräten ausgeht, ist betäubt.

Das hat es in der Geschichte der Menschheit noch nicht gegeben, dass Artefakte uns mehr prägen als die Strahlen der Sonne oder das Licht des Mondes. Wer das kritisiert, wird schnell als technophob abgetan oder als Romantiker verächtlich gemacht. Darum geht es aber gar nicht. Es geht vielmehr darum, die radikale Veränderung, die uns erfasst hat, nüchtern wahrzunehmen und anzuerkennen. Die Pflege ist ohne diese mit uns wispernden Geräte gar nicht mehr vorstellbar. Zwar gelten die Alten selbst als digitale Analphabeten, aber ihr Alltag ist mit jedem Tag mehr von sprechenden Geräten geprägt. Das fängt an mit dem Minicomputer, auf dem die ambulante Pflegerin ihre pflegerischen Leistungen eingibt, und es hört noch nicht auf mit der Roboter-Robbe »Paro«, die Menschen, die an Demenz leiden, unterhalten soll.

Die Umgebung, in der pflegebedürftige Alte sich heute vorfinden, ist seit den Achtzigerjahren mit ungeheurer Geschwindigkeit in ein technogenes Milieu umgewandelt worden. Aus dem weißen Metallbett, in dem die Großmutter noch in den Siebzigerjahren lag, ist ein raffiniertes Instrument geworden, das sich per Knopfdruck in alle möglichen Lagen manövrieren lässt. So hilft es, Dekubitus zu vermeiden, und wird in absehbarer Zeit Inkontinenz melden und – wer weiß – vielleicht selbstständig trockenlegen können.

Die Essenz moderner Hochtechnologie sei es, so sagte der Poet

Bill Siverly, die Welt als Einwegware zu denken – nach Gebrauch zu entsorgen.[61] Kann der Satz auch als ein Kommentar zur Pflege aufgefasst werden? Automatisierung und Künstliche Intelligenz sollen die Lage der Pflegebedürftigen verbessern. Neue Technowerkzeuge finden jeden Tag mehr Verbreitung in der Pflege. Begeistertes »Hurra!«, weil sich so der Personalengpass überwinden ließe. Werden Pflegeheime bald so aussehen wie Hallen in der Autoproduktion, in denen Menschen eigentlich nur noch Kontrollfunktion haben?

Es wird beschwichtigt, das seien nur Hilfsgerätschaften; die menschliche Zuwendung müsse und werde bleiben. Aber uns wird doch ständig suggeriert, »der nächste Schuss ›Technodröhnung‹ sei die Antwort auf alle Probleme«.[62] Dabei wird viel zu wenig darüber gesprochen, dass auch die erfolgten und geplanten hochtechnologischen Schritte in der ambulanten und der stationären Pflege, wie alle Hochtechnologie, auf einer weiteren Plünderung der Erde basieren.

Eigentlich sollten wir begreifen, was die kalifornische Schriftstellerin Ursula K. Le Guin in Erinnerung ruft: Künftig brauchen wir alte und neue Techniken, die auf Recycling beruhen und nachhaltig sind. Es gelte, unser In-der-Welt-Sein neu zu lernen. Eine klimasensible Pflege wird sich die Frage stellen müssen: Was brauchen wir und was brauchen wir nicht?

Die Pflege ist kein heiliger Bezirk, in dem die Frage nach Weltverträglichkeit nicht gestellt werden darf. Es darf danach gefragt werden, wie viel Plastik verbraucht wird und inwieweit in der Pflege eine Wegwerfmentalität üblich ist. Jeder Schritt in die elektronische und digitale Pflege ist auch ein Schritt in mehr bedenkenlose »Weltvernutzung«.

In den Achtzigerjahren waren Technoszenarios für die Pflege – aus heutiger Sicht – geradezu industriell-idyllisch: eine Waschstraße nach dem Muster einer Autowaschanlage. Eine inhumane

Idee, aber im Grunde, verglichen mit heutigen Entwicklungen, irgendwie brav. Der Fütterungsautomat, die Videoüberwachung. Man konnte sich einen Pflegeroboter vorstellen, der die Jalousien öffnet oder den Kaffee ans Bett bringt.

Und tatsächlich haben ja bereits viele technische Entwicklungen Einzug auch in das Leben der Alten gehalten, manche auch mit Gewinn. Der Alarmknopf am Handgelenk oder um den Hals gehängt ist für Alleinlebende längst weit verbreitet. Es gibt den digitalsensiblen Fußboden, der Alarm auslöst, wenn ein alter Mensch in seiner Wohnung stürzt. Vom »intelligenten« Haus, das alle Vollzüge, die einst den Menschen brauchten, wie zum Beispiel den Lichtschalter, überflüssig macht, geht es umstandslos zur »intelligenten« Pflege. Das Licht geht von selbst an und aus, wenn man den Raum betritt, die Raumtemperatur passt sich automatisch an, und so weiter.

Eine noch weiter perfektionierte automatisierte Pflege ist vorstellbar, und vielleicht sogar bei den Betroffenen willkommen. Lieber ein Fütterungsautomat anstelle einer gehetzten Pflegekraft, die zwei Patienten gleichzeitig das Essen anreicht?

In der Techno-Entwicklung der Pflege sind drei Stufen zu erkennen. Stufe eins: die Industrialisierung der Pflege. Der Pflegealltag wird nach industriellen Vorbildern modernisiert. Prozesse der Standardisierung, der Qualitätskontrolle und der Aufrüstung mit modernen Geräten prägen diese Phase. Dokumentation gewinnt an Bedeutung. Wenn Gewalt auftritt, lässt sie sich an blauen Flecken erkennen.

Stufe zwei: die Digitalisierung der Pflege. Der Alltag der Pflege wird mehr und mehr von Künstlicher Intelligenz und digitaler Kontrolle (Robotisierung) bestimmt. Persönliche Interventionen werden weniger. Gewalt bekommt eine entpersonalisierte, softtotalitäre Form. Widerspruch oder Widerstand verliert sich in den digitalen Warteschleifen.

Stufe drei könnte die transhumanistische Abschaffung der Pflege bis zum Ende des 21. Jahrhunderts werden.

In der Zukunft, die uns die Transhumanisten ausmalen, soll das Altwerden besiegt sein, der Tod überwunden, das menschliche Hirn mit Hilfe Künstlicher Intelligenz so revidiert, dass es nicht mehr anfällig für Krankheiten wie Alzheimer ist. Kinder werden außerhalb des Mutterleibs geboren, virtuelle Kinder ersetzen die anstrengenden Altkinder, und Pflegeheime sind überflüssig, weil niemand mehr hinfällig wird.[63] Die sichtbare Form von Gewalt verschwindet und lässt sich nur noch erahnen. Das, was mit Hilfe Künstlicher Intelligenz in die Gene und in die Hirne der Menschen eingebaut wurde, ist als Gewalt gar nicht mehr erkennbar.

Skepsis ist angebracht, dass diese transhumanistische Vision so kommt, wie sie von ihren Förderern versprochen wird. Aber die Richtung dürfte stimmen. Wir bewegen uns auf ein Metaversum zu, in dem virtuelle und physische Realitäten miteinander verschmelzen. Mark Zuckerberg, Jeff Bezos, Bill Gates, Elon Musk – Protagonisten der Entwicklung transhumanistischer neuer Welten. Es geht darum, Leiden, Schmerzen, Altern und Sterben abzuschaffen. Ob das gelingt oder scheitert, wissen wir heute nicht, aber wir können sehen, dass diese Richtung unduldsam ist gegenüber Hinfälligkeit.

Die Conditio humana, zu der Schmerzen, Leid und Hinfälligkeit gehören, soll verschwinden. Transhumanismus ist nicht interessiert an einer Verbesserung der Lage von pflegebedürftigen Menschen. In Aldous Huxleys Dystopie ist das schon perfekt ausgemalt. Leiden und Schmerz, aber eben auch echte Gefühle kommen dort nur noch in der Welt des »Wilden« vor, in der Welt dessen, der außerhalb der technogenen und kontrollierten Welt überlebt hat.

Der wilde Mensch – begegnen wir ihm vielleicht in der Demenz? Können uns Menschen mit Demenz etwas von einer elementaren Menschlichkeit erzählen, die keine Geräte und keine Apparaturen braucht, sondern ganz einfach Mitmenschlichkeit? Die aber, gerade weil sie so einfach ist, mitten in unserem technogenen Milieu immer seltener zu finden sein wird? Müssen wir vielleicht die völlig irrsinnige Frage stellen, was uns die Demenz lehren kann?

Es drängt sich der Eindruck auf, der dystopische Schrecken und die alltägliche Realität berührten sich immer häufiger. Der amerikanische Geologe James Lawrence Powell schreibt in seiner *Zeitreise durch den Klimawandel*[64], die künftig in Folge des Klimawandels zu erwartenden extrem heißen Sommer ließen den Wunsch nach assistiertem Suizid oder Euthanasie bei alten Menschen exponentiell anwachsen.

Im Sommer 2022 forderten Experten für Bewohner in Altenheimen einen verbindlichen Hitzeschutzplan von Bund und Ländern. Man müsse die Raumtemperatur in stationären Einrichtungen der Altenpflege auf 25 Grad begrenzen. »Werden die vereinbarten Werte über- oder unterschritten, müssen Bund und Länder verpflichtet werden, die Bau- und Sanierungskosten zu tragen.«[65] Die Freie Wohlfahrtspflege hat einen Monat lang die Temperatur in 64 Seniorenheimen gemessen, nun fordert sie finanzielle Hilfe für den Umbau. So sinnvoll diese Maßnahmen sind, sie sprechen Bände: Der Staat wird in Folge der Klimaveränderung zuständig gemacht für die Raumtemperatur, der alte Menschen ausgesetzt sind, und soll neue technologische Lösungen für dieses Problem finden.

Caring-Society-Szenario

Haben wir mit der Caring Society ein Rezept, mit dem sich die nahende Pflegekatastrophe problemlos und kurzfristig abwenden lassen wird? Wohl kaum, dafür ist die Lage zu kompliziert, und es wird Zeit brauchen, Veränderungen umzusetzen. Wir möchten aber skizzieren, wie das Rezept in etwa aussehen würde.

An die Stelle der scheiternden bezahlten professionellen Dienstleistung tritt die Zivilgesellschaft und fängt die Katastrophe ab. Das ist natürlich leichter gesagt als getan, die zivilgesellschaftliche Alternative wirkt im Vergleich zum bisherigen Pflegesystem, als wäre sie aussichtslos. Dennoch sehen wir in ihr das Leuchtfeuer, das am Horizont strahlt.

Wir versuchen, den industriellen Pflegekomplex mit Verunsicherung zu infizieren, und versprechen zugleich Befreiung und Rettung. Worauf wir hoffen und was wir schon sehen, ist eine »konviviale Gesellschaft«, die sich nicht mehr gänzlich abhängig macht von professionellen und bezahlten Dienstleistungen. Dafür braucht es Laien, Engagierte, Aufbruchsbereite, Empathische.

Die neue konviviale Ära ist kein Projekt, dass sich einfach durchplanen lässt, sondern sie ist etwas, das wir erst suchen müssen. An vielen Stellen engagieren sich bereits Freiwillige, Ehrenamtliche, gibt es Versuche, alte Menschen wieder in die Mitte der Gemeinschaft zu holen und gesellschaftlich einzubinden. Wir hoffen auf das Erstarken dieser Tendenzen. Die friedliche Übernahme der hochgerüsteten Pflegefestung ist angesagt. Wir sind also nicht auf der Suche nach einem neuen Pflege-Modell, sondern nach der real existierenden »Ars curandi«, der Kunst des Pflegens, die es seit Anbeginn der Menschheit gegeben hat, die aber unter die Räder einer gewinnorientierten Geschäftspflege geraten ist, sodass wir im Alter abhängig sind von käuflicher Pflege.

Wer nach den Gründen für die Abwertung der Sorge- und Pflegearbeit sucht, stößt unweigerlich zuerst auf die lange Geschichte der systematischen Entwertung der Tätigkeiten von Frauen. Arbeiten, die vor allem Frauen zugeschrieben wurden, wurde zunehmend die Relevanz abgesprochen, sie wurden in den häuslichen Bereich abgeschoben und als minderwertig im Vergleich zu männlicher Berufstätigkeit dargestellt. Was in der Folge dazu führte, dass sie allgemein wenig angesehen waren, was sich wiederum noch immer in der geringen Bezahlung in den mit Care-Arbeit assoziierten Berufen ausdrückt. Verwundert es da, dass »das Alltagsleben als wichtigstes Feld der Vermittlung zwischen den Menschen Schiffbruch erleiden« musste, wie Silvia Federici schreibt, »und viele Menschen, unfähig, zwischenmenschliche Beziehungen aufrechtzuerhalten, die ihnen zu mühsam und zu schwierig erscheinen, fliehen aus diesem Feld [...]. Das heißt, dass sich niemand mehr um die Care-Arbeit kümmert, ob nun an Mitgliedern der Familie oder an Freund*innen, was besonders für Kinder und ältere Menschen schwerwiegende Folgen hat. In Europa gibt es mittlerweile den Trend, ältere Angehörige, die an Alzheimer erkrankt sind, ins Ausland zu verfrachten.«[66]

Die Care-Arbeit, die früher von der Familie und dem näheren Umfeld geleistet wurde, sei zusammengebrochen. Auch Kindern werde in Schule und Familie der Raum verweigert, den sie brauchten, was eine rasante Zunahme psychischer Erkrankungen bei Kindern zur Folge habe – Depressionen, Hyperaktivität und Aufmerksamkeitsstörungen. Diese werden durch eine Unmenge an psychoaktiven Medikamenten bekämpft.[67]

Hier nähern sich die Lebensbedingungen der Alten und der Kinder einander an. Dass die Zunahme an Demenz bei älteren Menschen viel mit der reichlichen Einnahme von Medikamenten und deren systematisch übersehenen Nebenwirkungen verbunden ist, kann als bewiesen angesehen werden.[68]

Federici sieht in ADHS und Alzheimer ähnliche Phänomene: Der Zusammenbruch der traditionellen Care-Arbeit führe bei Kindern wie bei Alten zu verheerenden psychischen Folgen. Sie zeugten von einer Kultur der Verlassenheit in Kindheit und Alter.

Die Rettung der Pflege muss an diesen Phänomenen ansetzen und nicht an der Optimierung der gescheiterten professionellen Pflege. Damit ist natürlich nicht gemeint, dass die Frauen wieder zu Hause bleiben sollen und sich um Herd, Kinder und alternde Angehörige zu kümmern haben, auch wenn sich das manch ein Mann vielleicht noch immer wünscht. Es geht vielmehr um die Frage, welche die Feministin Federici so formuliert: »Wie können wir das gesellschaftliche Gefüge wiederherstellen und unser Zuhause und unsere Nachbarschaft in Orte des Widerstands und des politischen Wiederaufbaus verwandeln?«[69]

Diese Frage stehe für die Menschheit oben auf der Tagesordnung und beflügele das Interesse an der Schaffung von neuen »Commons« – Gemeingütern wie Wäldern, Wiesen und Fischgründen, die einst allen zugänglich waren. Auch die Sorge um Hilfsbedürftige, Kinder und Alte, war ein Gemeingut, das nicht vergeldlicht war.

Heute geht es um die Wiederherstellung gesellschaftlicher Beziehungen und Räume, die auf Solidarität, gemeinschaftliche Nutzung des vorhandenen Reichtums, kooperative Arbeit und gemeinsame Entscheidungsfindung gründen. Urbane Gärten und die »Solawi«, die solidarische Landwirtschaft, die überall in Deutschland entstanden ist, zeugen von dem Versuch der Menschen, ihr Leben wieder vom staatlichen Zugriff und der Herrschaft der Märkte zu befreien. In Europa und den USA entstehen neue Netzwerke der Unterstützung, in denen Hilfe und Nachbarschaftlichkeit jenseits der Vergeldlichung realisiert werden.

Wo die Wiederentdeckung der Gemeinschaftlichkeit Fortschritte macht, ist es nicht mehr möglich, menschliche Beziehungen kurzerhand durch technophile Produkte zu ersetzen. Diese neuen Netzwerke sammeln sich unter dem Dach der Caring Society. Zunächst sind sie oft unscheinbar, ja fast unsichtbar: Überall dort, wo alte Nachbarschaften und neue Freundschaften bei der Pflege eines Menschen unterstützen, ist die konviviale Gesellschaft da. Dort werden zugleich traditionelle und überraschend neue Wege eingeschlagen. Es sind täglich Tausende von Initiativen, die niemand zählt, die in keinem Konzept vorkommen. Die Beteiligten verstehen sich oft noch nicht einmal als »ehrenamtlich tätig«, weil sie etwas tun, was für sie zum menschlichen Miteinander gehört, wie zwei Beispiele aus jüngster Zeit zeigen.

Die Hochwasserkatastrophe im Ahrtal hat 2021 gezeigt, wie in einer Notsituation Fülle von gesellschaftlichem Engagement sichtbar werden kann, von dessen latenter Existenz bis dahin niemand geahnt hatte. Auch ein Pflegeheim wurde von den Wassermassen umspült. Da brauchte es kein Caring-Society-Konzept, die professionelle und freiwillige Hilfe war sofort da. Auch die Flucht vieler Menschen aus der Ukraine im Jahr 2022 hat gezeigt: Es gibt in Deutschland mehr konviviale Hilfsbereitschaft, als die meisten glauben würden. Auch für die vielen alten und pflegebedürftigen Menschen, die mit den Geflüchteten kamen, waren überall helfende Hände zur Stelle.

Alles, was wir uns vorstellen können, ist das grenzenlose Wachstum von öffentlichen Pflegeapparaten. Die Umkehrung der Perspektive ist schwierig, aber unausweichlich. Es ist eine tiefe Krankheit der Seele, die uns annehmen lässt, Technik oder Geld könnten uns dazu verhelfen, die notwendige Arbeit, die von uns erwartet wird, zu vermeiden. Erst wenn wir uns darauf einlassen, Pflegearbeit als kulturell wichtige Arbeit anzuerkennen, die nicht einfach, aber sinnstiftend ist, können wir Pflege wieder dahin bringen, wohin sie gehört.

Henry David Thoreau, der im 19. Jahrhundert in den kanadischen Wäldern lebte, hat es ganz einfach gesagt: Was ein Mensch braucht, sei nicht das Wissen darüber, wie man zu mehr komme, sondern zu wissen, was das Überflüssige und was das Unverzichtbare ist. Thoreau spricht von der Kunst, das Minimum zu kennen.[70]

Was wäre das Minimum in der Pflege? Ist es erlaubt, die Frage auch in diesem Kontext zu stellen? Der kritische Philosoph Günther Anders (1902–1992) sagte, der Mensch sei zum »Hofzwerg seines eigenen Maschinenparks« geworden. Diese Satz gilt auch für den Pflegeapparat. Man denke nur an die (berechtigte) Klage über den technikabhängigen Dokumentationswahn. Wie viel Zeit wird am Computer verbracht, die im Umgang mit Pflegebedürftigen gebraucht würde? Wie viel Technik hat sich jetzt schon zwischen die Pflegebedürftigen und die Pflegenden geschoben?

Wer so etwas fragt, muss mit der Kritik derer rechnen, die das als Technikfeindlichkeit abtun. Aber ist die Verlagerung der Pflege in das Dienstleistungsgewerbe nicht auch Ausdruck von gesellschaftlicher Verzweiflung und ein Prozess der kulturellen Verarmung? Es geht uns hier nicht um eine kurzatmige Rückverlagerung der Pflege in Familien, die ohnehin immer brüchiger werden. Es geht darum, sich die Orte anzuschauen, wo Pflege stattfindet (das kann auch in der bröckelnden Familie sein), und zu fragen, wie sie einmal ausgesehen hat und wie sie wieder lebendig werden kann.

Wie sähe ein Ort aus, wo das Zusammenleben eine Kunst ist, und nicht nur vertraglich gesichert und geregelt? So ein Ort würde sich dadurch auszeichnen, dass Menschen miteinander reden, Geschichten und Erfahrungen austauschen, wie es schon früher in mündlicher Tradition üblich war, musizieren, Rituale zelebrieren, für sich selbst und für andere sorgen, ob das nun Menschen, Tiere oder Umwelt sind.[71] Solche Orte nennen wir mit Ursula K. Le Guin die neuen Zentren der Welt.[72] Nicht die erstickenden Metropolregionen, sondern die Orte, die überall entstehen und die sich dadurch auszeichnen, dass sie für alle ihre Bewohner lebenswert sind.

Die inzwischen breite Debatte um Caring Societies (oder »Communities«) zentriert sich derzeit noch auf diese Fragen:

»Welche Perspektiven auf die Sorgekrise gibt es, und in welche weiteren gesellschaftlichen Zusammenhänge ist diese eingebettet? Wie kann eine zukunftsfähige Versorgung aussehen, und welche Elemente und Facetten sollte sie beinhalten? Welche Fragen von Ungleichheiten stellen sich in Bezug auf die Sorgekrise und zukunftsfähige Versorgung, und wie kann diesen Ungleichheiten entgegengewirkt werden? Welche Abhängigkeiten entstehen in der Sorgekrise oder in Bezug auf die zukunftsfähige Versorgung, wie werden sie verursacht, und wie kann ihnen entgegengewirkt werden? Welche Rollen kommen ausgewählten Sektoren und verschiedenen Akteur*innen bzw. deren Zusammenspiel für eine zukunftsfähige und geschlechtergerechte Versorgung zu?«[73]

Diese zentralen Fragen und Überlegungen sind in einem Arbeits- und Forschungszusammenhang zur Caring Society entstanden, in dem die Krise des professionellen Dienstleistungssektors diskutiert wird. So wichtig sie sind: Unseres Erachtens gehen sie nicht weit genug. So heißt es dort auch: »Die zunehmende Etablierung universeller Care-Politik in westlichen Ländern gründet sich in der Wertvorstellung, dass es eine gemeinsame, staatliche Verantwortung gibt, Personen mit umfassenden Sorgebedarfen zu unterstützen.«[74]

Bei allem Respekt vor dieser Betrachtungsweise suchen wir Distanz zu einer solchen Sicht. Sie ist unseres Erachtens aufgeladen mit dem, was Uwe Pörksen in seiner klugen Analyse »Plastikwörter« genannt hat.[75] Dazu zählen solche Sprachamöben wie »Wertvorstellung« und »Sorgebedarf«.[76] Hier klingt es so, als würde die Caring Society, die ja als ein Ausbruch aus dem industriellen Pflegekomplex gedacht war, schon wieder verstaatlicht ist, bevor sie sich überhaupt auf den Weg machen konnte.

So ist das Konzept der Caring Society schnell dem Verdacht ausgeliefert, es sei dazu da, die Lücken, die sich in der Pflegekatastrophe auftun, durch zivilgesellschaftliche Notmaßnahmen abzufedern, ohne dass am Prinzip der professionellen Dienstleistung etwas geändert wird. Das nährt den Verdacht, die Rede von der Caring Society eigne sich vorzüglich zum Greenwashing der Dienstleistungsbranche.

Nichts – diesen Eindruck kann man haben – darf sich außerhalb der zentralisierenden Kontrolle entwickeln, schon gar nicht in der

Pflege. Dagegen könnte man mit Jean-François Lyotard sagen: »Lässig und aktiv zugleich« muss man an den organisierenden Zentren vorbei das Neue auf den Weg bringen. Das hat er vor langer Zeit gesagt, und es gilt noch immer.[77]

Wir reden nur mit Vorsicht von Caring Society. Sie macht nur Sinn, wenn sie konviviale Pflege meint, wenn sie die »Ars curandi« ins Auge fasst. Konvivialität ist eine Weise des Seins, die sich zwischen Menschen (und anderen Wesen) abspielt und nicht in juristischen oder prozessfähigen Vereinbarungen besteht. In konvivialen Gesellschaften sind Gerechtigkeit und Gleichheit in direkte Aktivitäten eingebettet, denn Konvivialität ist nicht eine Vertragsangelegenheit, sondern eine Kunst. Eine Kunst des Lebens (»convivere«), wie sie zum Beispiel in *Das zweite konvivialistische Manifest* formuliert ist.[78] Die Frage lautet heute: Wie gelingt es uns, solche »Rahmenbedingungen« zu schaffen, unter denen wir die Kunst des Zusammenlebens üben können und nicht vertragsgemäß miteinander verfahren?

Das Konzept der Caring Society beschreibt also eine Suchbewegung und noch keinen Tatbestand. Poetisch gesagt ist die Caring Society auf eine »Revolution der Liebe« angewiesen.[79] Diese Liebe würde sich vom konventionellen Wachstumswahn verabschieden. Auch in der Pflege. Sie würde die Umrisse einer neuen Gesellschaft zeichnen, die auf Distanz gegangen ist zu professioneller, bezahlter Dienstleistung, welche ja die Pflegekatastrophe hervorgebracht hat. Sie macht eine Laienbewegung möglich. Diese wiederum erlaubt, aus der ökonomisierten, entfremdeten und gescheiterten Dienstleistungsgesellschaft auszusteigen.

Ein extremes Beispiel zur Illustration: In einem eindrucksvollen Schwarz-Weiß-Kurzfilm wird von einer Initiative mexikanischer Frauen berichtet. Der Film beginnt mit einer zunächst unverständlichen Szene: Sichtlich arme mexikanische Frauen stehen zusammen und füllen Wasser in alte Plastikflaschen. Andere packen Reis in Tüten und verschnüren sie. Schnitt. Dann sieht man die Frauen an einer Bahnstrecke stehen. Ein Güterzug fährt vorbei, und die Frauen schleudern Flaschen und Päckchen auf den vorbeifahrenden Zug. Arme und Hände werden dort sichtbar, die versuchen, die Gaben zu fangen. Es ist ein Zug, in dem sich Menschen verstecken, die in den Norden, in Richtung der US-amerikanischen Grenze zu reisen versuchen.

Das ist Caring Society in ihrer Höchstform. Die Frauen, von denen der Film handelt, kennen nicht einmal die Gesichter, die Geschichte und die Not der Reisenden. Sie werden sie nie kennenlernen. Aber sie helfen ihnen. Ohne Geld, ohne Auftrag, ohne Kontakt. Ein radikaler Akt der Zuwendung, der nicht einmal Dankbarkeit erfahrbar macht. Getragen von einer zugewandten Menschlichkeit.

Warum wir die Caring Society brauchen

»Ich bin so durcheinander. Ich weiß gar nicht, wie es weitergeht.«

»Warum?«

»Ja, das weiß ich eben nicht!«

So der kurze Dialog zweier Damen mit Demenz auf dem Flur eines Pflegeheims. Völlige Ratlosigkeit. Ein leidvolles Durcheinander, das keine Perspektive mehr hat und sich auch selbst keine zu geben weiß. Das Durcheinander der Demenz. Ein aussichtsloses Durcheinander.

All die Abläufe und Aspekte des Alltags, die einem zur Gewohnheit und zur Routine geworden sind – durch die Demenz geraten sie in Unordnung. Man kennt sich mit den einfachsten Dingen nicht mehr aus. Es ist, als kehrte einem die Welt den Rücken zu. Zum Beispiel die Sprache: In der Demenz versagt sie einem ihren lebenslangen Gehorsam und steht Kopf. Niemand versteht einen mehr. Die Dinge, mit denen man lebte, werden zu Dingen, die einen verlassen. Was ist ein Schuh? Was ist eine Gabel? Auch die Menschen kehren einem den Rücken zu. »Meine Frau? Aber ich bin doch nicht verheiratet? Ich muss jetzt los, sonst komme ich zu spät zur Schule.« Manchmal scheint es, als spülten die vielen Erinnerungen an alte, längst vergangene Zeiten die Gegenwart hinweg. Wer bin ich? Wo bin ich? Wann bin ich?

Nicht alle halten das aus, Tag für Tag. Und Nacht für Nacht. Die Kräfte versagen schnell, wenn der Vater um zwei Uhr morgens beschließt, zur Arbeit zu gehen, obwohl er schon seit fünf Jahren in

Rente ist. Und man, anstatt zu schlafen, ihn irgendwo am Bahnhof wieder aufliest. Wenn man Glück hat. Oft genug muss man sich voller Angst und Sorge fragen, wo er nur sein könnte. Wie macht man weiter, wenn einen der eigene Partner oder die Partnerin am Lebensende nicht mehr erkennt, wenn der gemeinsame Lebensweg durch die Demenz vorzeitig beendet erscheint? Wenn in diesem Durcheinander alles, was man kannte, auf den Kopf gestellt wurde.

Viele suchen dann Hilfe bei den professionellen Institutionen. Erst ambulant, früher oder später stationär. Viele leiden darunter, wenn sie Mutter oder Vater dann im Heim zurücklassen und ihnen buchstäblich, was sie ja nie wollten, den Rücken zukehren. Aber was sollen wir machen mit unserem Vater, unserer Mutter? Wir schaffen es einfach nicht mehr zu Hause. Wieder und wieder stockt einem das hilflose Herz.

Was für zahlreiche Menschen mit Demenz und ihre Angehörigen gilt, das gilt auch für den Zustand der Pflege: auf der einen Seite die unüberschaubare Menge der pflegerischen und administrativen Maßnahmen, Regelungen, Anforderungen und Verantwortlichkeiten, und auf der anderen die Unmöglichkeit, sie angesichts des Pflegenotstands auch nur ansatzweise zu erfüllen. Es könnte auch die Pflege sein, die da mit sich selbst spricht: »Ich bin so durcheinander. Ich weiß gar nicht, wie es weitergeht. Warum? Ja, das weiß ich eben nicht!«

Ungewissheit überall. Nur eines wissen wir: Man kann dieses Durcheinander nicht aus eigenen Kräften beheben. Schon deshalb, weil keine Kraft mehr da ist. Längst sind alle, die helfen wollen, selbst so geschwächt, dass sie Hilfe brauchen. Sie alle verbindet die Erfahrung großer Hilflosigkeit. Wenn aber alle in dem Durcheinander zu Schwachen geworden sind – von wo soll da noch Hilfe kommen?

Caring Society – eine Herausforderung unserer Zeit

Die Caring Society ist da, und sie fehlt gleichzeitig noch an allen Ecken und Enden. Das hängt damit zusammen, dass »eine regressive Haltung dominiert«, sagt der Philosoph Jean-Pierre Wils, »also der Versuch, sich den gegenwärtigen und künftigen Herausforderungen nicht wirklich zu stellen«.[80] Mit diesem Phänomen wird die Caring Society noch lange zu tun haben.

Das Kontrastprogramm zu einer liebevollen gemeinschaftsgetragenen Pflege ist allgegenwärtig, und es ist unabdingbar, sich dessen bewusst zu sein. »Zwei Pflegekräfte missbrauchen eine demente 89-jährige Frau mit einem Vibrator und stellen Videos der Tat ins Internet. Eine Pflegerin schlägt eine demenzkranke 88-Jährige ins Gesicht. Ein alter Mann verliert sein Bein, weil eine Wunde nicht versorgt und deshalb von Maden befallen wurde.« Solche Berichte – schreibt Rainer Stadler in der Süddeutschen Zeitung am 12. Januar 2023 – verweisen auf alltägliche Gewalt in Heimen. Es sind Vorkommnisse des Jahres 2022, aber auch im Jahr 2023 dürfte es ähnliche Berichte geben. »Dass wehrlose Alte ausgerechnet von jenen Menschen erniedrigt, verletzt und misshandelt werden, die sie versorgen, pflegen und schützen sollen, ist trauriger Alltag. […] Natürlich hängen Arbeitsüberlastung des Personals und Gewalt zusammen«, hält Stadler fest. Den Pflegekräften geht es schlecht, das ist wahr. Aber die eigentlichen Opfer in der Pflege sind nun einmal die Pflegebedürftigen. Und der Artikel fragt zurecht: »Wie lange will sich die Gesellschaft diese Ignoranz noch leisten?«[81]

Schlimme Berichte gibt es aber nicht nur über professionelle Pflegende. Eine Freundin erzählt von einem Fall aus dem Bekanntenkreis: Die Mutter ist aus dem Bett gefallen und hat zwei Tage auf dem Boden gelegen. In ihren Ausscheidungen. Eine der drei

Schwestern, die in der Nähe wohnt, hatte versprochen, sich um die Mutter zu kümmern. Sie hat hin und wieder eingekauft, aber die verwahrloste Wohnung nicht betreten. Sie hatte es beim Gruß an der Haustür belassen. Die Schwestern zerstreiten sich – per WhatsApp – über die Frage, wer wofür zuständig ist. Eine der Schwestern nimmt schon mal den Computer der Mutter mit, die brauche den ja nicht mehr. Die Schwester, die am weitesten entfernt wohnt, organisiert hingegen einen Pflegedienst. Die Mutter wird zum Pflegefall, und die Schwestern zerstreiten sich unwiderruflich. Eine von zahllosen ähnlichen Familiengeschichten.

Resümee: Wir stecken in einer Sackgasse. Die professionelle Pflege ist in der Krise, die Familienpflege auch. Und die neue zivilgesellschaftlich verankerte Caring Society läuft noch in den Kinderschuhen. Aber für die Frau, die diese Geschichte des familialen Scheiterns erzählt, wird klar: Die Hoffnung und die Zukunft liegt in Freundschaftsbündnissen. Ja, diese Hoffnung ist vage und zerbrechlich. Aber es ist die Aufgabe, die vor uns liegt: groß, schwierig, herausfordernd und schön. Eigentlich brauchen wir eine Pflegerevolution. Aber wer soll die machen? Die Alten, die die Opfer katastrophaler Verhältnisse sind, haben nicht die Kraft. Wie sollen sie aus dem Pflegebett heraus eine Pflegerevolution anzetteln? Die Jungen interessieren sich eher nicht für die Pflegefrage, das ist alles zu weit weg. Die Träger einer Veränderung können aber die sein, die als Angehörige und Freunde an den Verhältnissen leiden. Und die professionellen Pflegekräfte, die ihren Pflegealltag zu überleben versuchen. Und diejenigen, die begriffen haben, dass eine nur technisch gedachte Veränderung dieser Gesellschaft zu kurz greift. Es sind die Empathiefähigen, die Sensibilisierbaren, die sich die Herzenswärme nicht abtrainieren ließen.

Eine Zivilgesellschaft, die sich öffnet und stärker engagiert, wird mit Gewalterfahrungen anders umgehen. Schon deshalb, weil viele Augen mitschauen. Die Caring Society kann auch eine – im besten

Sinne des Wortes – »Controlling Society« sein, wenn sie Gewalt in der Pflege wahrnimmt, aufdeckt und überwindet.

Man darf hoffen, dass eine Caring Society eine professionelle Abschottung da überwindet, wo es darum geht, sich nicht in die Karten schauen zu lassen: Sie bereitet den Hierarchien ein Ende, die dazu da sind, Missstände zu verdecken. Gleichzeitig kann die Caring Society zu einer neuen Solidarität führen, die allen hilft.

Ein großer Altenhilfeverband rief im Spätsommer 2022 zu einem bundesweiten solidarischen Aktionstag auf. Die Corona-Pandemie dauerte bereits das dritte Jahr an. Seit Beginn der Pandemie waren die Heime verpflichtet, ein Schutzkonzept gemäß den Anordnungen der Gesundheitsämter umzusetzen und immer wieder zu aktualisieren. Eine Riesenlast, die der Staat da auf die Schultern der Pflegeheime gelegt hat. Dazu gehörte die Bereitstellung von Antigentests. Die tagesaktuellen Testungen sollten sicherstellen, dass keine Angehörige und kein Angehöriger mit Infektion die Wohnbereiche betritt und das Virus ins Haus trägt. Dazu brauchte es jemanden, der testet, es brauchte einen Ort und es brauchte sehr viel Material. All das kostete die Heime Geld. Viel Geld. Bis September 2022 wurden die dadurch entstandenen Kosten refinanziert, das heißt, die Heime konnten ihre Unkosten von den Pflegekassen zurückerhalten.

Mit dem im Herbst 2022 verabschiedeten neuen Infektionsschutzgesetz soll diese Refinanzierung nur noch teilweise fortbestehen. Das heißt, die Heime werden auf Teilen der Kosten sitzen bleiben. Die ohnehin unerträgliche Ausnahmesituation der Pflegeheime wird gesetzlich verlängert und verschärft. Der Altenpflegeverband wollte das nicht hinnehmen. Unter dem Slogan »Das Maß ist voll!« wendete er sich in einem bundesweiten Brief an die Angehörigen. Gefordert wurde »eine gesamtgesellschaftliche und politisch geförderte Solidarität«[82] mit der Pflege. Da ist sie: Die überfällige Forderung nach Solidarität zwischen Pflege und Gesellschaft.

Endlich! Aber was konnten, was sollten die Angehörigen aus Sicht des Altenhilfeverbands dazu beitragen?

Ein bundesweiter Aktionstag wurde geplant unter dem Motto »Besuch vor der Tür«. Die Angehörigen wurden aufgerufen zu kommen – um dann demonstrativ draußen zu bleiben. Sie sollten das jeweilige Heim nicht betreten, als Zeichen, dass die Belastungen der Pflege durch den Infektionsschutz nicht mehr zumutbar sind – also die Bereitstellung der Räume, des Personals, des Materials, die Durchführung der Testungen. Auch als Zeichen, dass man der Pflege nicht die alleinige Verantwortung für die Umsetzung des gesetzlich vorgeschriebenen Infektionsschutzes übertragen könne, wenn ringsum wieder große Volksfeste gefeiert würden. Ohne Abstand, ohne Masken.

Das Beispiel zeigt, wie Corona die Gräben zwischen der Gesellschaft und der Pflege vertieft hat, und es scheint immer noch weiter zu gehen. Am Ende des offenen Briefs las man: »Wenn die Einrichtungen keine Entlastung erfahren, müssen die Türen bald dauerhaft geschlossen werden. Das wollen wir auf keinen Fall.«[83]

Diese Aktion, so gut sie sicher auch gemeint war, wirft Fragen auf. Sollte mit besten Absichten auf einen Missstand hingewiesen werden, der am Ende alle, auch die Gesellschaft, schwer treffen wird? Wenn nämlich der Pflege-Fall so endet, dass es keine Pflege mehr gibt? War das gemeint mit dem Hinweis, dass »die Türen bald dauerhaft geschlossen werden« müssten? Oder soll durch die freiwillige Selbstaussperrung der Angehörigen demonstriert werden, dass dies bald zum unfreiwilligen Regelfall werden könnte? Wird hier mit der gänzlichen Abschottung der Heime von der Gesellschaft gedroht?

Wir wissen nicht, welche Resonanz dieser Aktionstag erfahren hat und wer zu den Heimen gekommen ist, um dann draußen zu bleiben. Ob sich viele Angehörige dem Aufruf angeschlossen haben? Und wenn nicht, wie würde ihr Fernbleiben von professioneller Seite interpretiert? Als mangelnde Solidarität? »Ah, das war ja klar. Wir sind eben auf uns allein gestellt.«

Mit Blick auf das so wichtige Ziel der Solidarisierung von Pflege und Gesellschaft verhieß der Aktionstag nichts Gutes. Er greift die in Zeiten von Corona immer wieder erlebte und erlittene Praxis der Abschottung auf und setzt sie fort, anstatt sie zu überwinden. Es steht zu bezweifeln, dass sich ein solches Verfahren der demonstrativen Entsolidarisierung dazu eignet, Solidarität zu verwirklichen. Die ausdrückliche Drohung, dass »die Türen bald dauerhaft geschlossen werden« müssen, wird wohl eher neue Ängste schüren und Gräben vertiefen. Die Pflegeheime werden zu Austragungsstätten neuer Grabenkämpfe gemacht. Es bleibt zu hoffen, dass der Schlusssatz dieses Briefs, »Das wollen wir auf keinen Fall«, ernst gemeint ist. Doch die durch diese Aktion demonstrierte Auffassung von Solidarität macht einem diese Hoffnung schwer.

Vision einer neuen Solidarität in der Caring Society

»Ich ging an jenem Abend vor dem wichtigsten Tage meines Lebens in Würzburg spazieren. Als die Sonne herabsank, war es mir, als ob mein Glück unterginge. Mich schauerte, wenn ich dachte, daß ich vielleicht von *allem* scheiden müßte, von allem, was mir teuer ist. Da ging ich, in mich gekehrt, durch das gewölbte Tor, sinnend zurück in die Stadt. Warum, dachte ich, sinkt wohl das Gewölbe nicht ein, da es doch keine Stütze hat? Es steht, antwortete ich, *weil alle Steine auf einmal einstürzen wollen* – und ich zog aus diesem Gedanken einen unbeschreiblich erquickenden Trost, der mir bis zu dem entscheidenden Augenblicke immer mit der neuen Hoffnung zur Seite stand, daß auch ich mich halten würde, wenn alles mich sinken läßt.«[84]

Diese Beobachtung hat vor über 200 Jahren der Dichter Heinrich von Kleist festgehalten. Die Vision eines Auswegs, die er damals erfuhr, ist heute, in Zeiten der Krisen, von besonderer Aktualität. Denn er hat beim Anblick dieses alten Torbogens nicht weniger als die Vision einer Solidarität der Schwachen. Die Rede ist nicht von einem unaufhaltsamen Zusammenbruch, wie wir ihn angesichts der Krise in der Pflege und in so vielen anderen Bereichen unserer Gesellschaft befürchten. Es ist vielmehr die ganz erstaunliche Vision einer Schwäche, die Halt gibt. Wie soll das gehen?

Und was hat das mit Pflege zu tun? Der Torbogen kann als Symbol für den Pflegenotstand gesehen werden. Auch hier gibt es zwei sich gegenüberliegende Pfeiler. Hier die professionelle Pflege, dort die Gesellschaft. Für sich allein wird jeder der Pfeiler zusammenbrechen. Wie kann dieser Zusammenbruch aufgehalten werden? Was rettet uns vor dem Zusammenbruch der Pflege?

Ein erster Schritt wäre, zu verstehen, dass der Pflegenotstand nicht ein alleiniger Notstand der Pflege ist. Die Not der Pflege hängt mit der Not der Gesellschaft zusammen, und mit der geordneten Trennung der beiden. Und all das, was im Rahmen dieser ordentlichen Trennung, das heißt im Rahmen der Dienstleistungsgesellschaft, an Rettungsversuchen für die Pflege veranstaltet wird, das kann nicht die nötige Rettung bringen. Im Gegenteil – es vertieft den Graben zwischen Pflege hier und Gesellschaft dort immer weiter. Es verlängert und verstärkt nur die bestehende Not.

Die zentrale Frage lautet: Wie könnte aus der ordentlich getrennten Not der beiden eine aus der Not geborene Gemeinschaft werden?

Denn erst einmal ist die Rettung der Pflege darauf angewiesen, andere Vorstellungen von Pflege und Gesellschaft zu entwickeln. Eine ganz wesentliche Veränderung besteht darin, nicht nur nach der Pflege zu fragen, sondern immer sowohl nach der Pflege als auch nach der Gesellschaft, also beide gleichzeitig zu bedenken.

Das ist anspruchsvoll, aber das Schöne dabei: Die Rettung der Pflege wäre zugleich die Rettung der Gesellschaft. Und umgekehrt.

Die hier vorgestellte Vision ist also ganz anders als die bisherige Ordnung zwischen Pflege und Gesellschaft. Sie ist die Vision einer Caring Society, die anstelle der alten Ordnung einer professionellen Trennung ein neues, wechselseitiges »Durch-einander« von Pflege und Gesellschaft sucht.

So viel zur Vision der Caring Society. Ja, die Herausforderungen sind groß. Denn Idee und Umsetzung der Caring Society sind gleichsam in den Rahmen einer strengen Wirklichkeit eingefügt, der ihrer Entfaltung wenig Spielraum lässt. Längst hat sich eine Ordnung etabliert, die von tiefen Gräben zwischen der professionellen Pflege hier und der Zivilgesellschaft da durchzogen ist. Schwierig, die Tugenden der Caring Society anzuwenden, ohne dabei in diese Gräben zu stolpern. Das zivilgesellschaftliche Engagement könnte, bevor es sich versieht, zu einem Teil der bestehenden Ordnung werden, der am Ende zur Vertiefung der Gräben beiträgt.

Der jährliche Abend für Angehörige, der zweimal jährliche Besuch des Kindergartens im Heim, die Schuleinheit »Alt und Jung« (natürlich mit Leistungsnachweis), und so weiter und so fort – allesamt wichtige zivilgesellschaftliche Anstrengungen, um wenigstens ein Stück weit zurückzuerlangen, was man durch die Institutionalisierung der Pflege verloren hat: die Verbindung zwischen Pflege und Gesellschaft. Erst schafft man sie, die Pflege am Rande der Gesellschaft, dann organisiert man Angebote, die diese soziale Randlage wieder etwas beleben sollen. Soziale Teilhabe wird zum Projekt einer Dienstleistungsgesellschaft, das einen Mangel kompensieren soll, den sie selbst erzeugt. Die Einbahnstraße zwischen Gesellschaft und Pflege wird gleichsam bepflanzt und geschmückt, aber sie bleibt eine Einbahnstraße.

Ein gutes »Durch-einander« bräuchte jedoch den natürlichen, alltäglichen Gegenverkehr, sozusagen ein soziales Verkehrschaos. Die Caring Society birgt in sich den Keim der Unruhe. Gut möglich, dass man sie ein wenig gedeihen lässt. Gut möglich, dass nur der schöne Schein einer entstehenden Caring Society erweckt wird, dass es stellenweise aussieht, als würden Gesellschaft und Pflege zusammenfinden. Wenn die Schulkinder in den Fluren singen. Wenn der Tanzverein etwas zum Besten gibt. All das sind schöne, wertvolle Momente. Aber es steht zu befürchten, dass man den Keim der Caring Society nur so weit gedeihen lässt, wie es die Ordnung der Gesamtanlage nicht wirklich stört und sich in das Gesamtbild fügt. Die Idee vom »Durch-einander« ist deutlich wilder gedacht.

Im Rahmen eines alljährlichen städtischen Aktionstags des Ehrenamts fand ein Sommerfest in einem Pflegeheim statt. Eine Gruppe junger Mitarbeiterinnen und Mitarbeiter einer Marketingfirma hatte sich bereit erklärt, bei der Ausrichtung des Festes zu helfen. Mit großem Engagement wurden die alten Leute einen ganzen Nachmittag mit Essen und Wein versorgt. Die Stimmung war wunderbar.

Nach dem Fest saßen alle Helferinnen und Helfer noch beisammen, und die Chefin des Teams äußerte voller Bewunderung: »Was ihr hier für eine Arbeit macht! Jeder weiß doch, dass das nicht immer einfach ist, mit den Alten! Und dann die ganze Körperpflege. Das könnte ich nicht. Ich bewundere euch. Euren Idealismus. Und wir wissen ja alle, was ihr für ein Gehalt bekommt!«

Das sollte sicher Anerkennung zum Ausdruck bringen. Aber war nicht in diese Anerkennung, wie in einem trojanischen Pferd, ein Stück jener gesellschaftlichen Distanz eingeflossen, ja, sogar ein wenig Verachtung für die Pflege? »Diese Arbeit.« »Dieses Gehalt.«

Am gleichen Tag war noch eine andere Ehrenamtliche da. Sie

erzählte, dass sie jede Woche komme und zwei Damen besuche. Jede Woche. Früher habe sie hier gearbeitet. Das Heim sei einfach ihr Zuhause gewesen. Sie komme so gerne. Es bedeute ihr so viel.

Da war er wieder, der Geist des »Durch-einander«, diese mitmenschliche Schwäche füreinander, die sich nicht abhaken lässt, einmal im Jahr. Sie besteht weiter, und sie wirkt, denn sie ist Ausdruck einer ganz persönlichen Zuneigung. Dieser Geist wird von der Ordnung der Dienstleistungsgesellschaft bedroht, die sich zeitweise als zivilgesellschaftliches Engagement tarnt, obwohl auch dieses längst gleichsam professionell aufgestellt, geplant und getaktet ist.

Das klingt nun furchtbar undankbar all jenen gegenüber, die immerhin einmal die Woche, einmal im Monat, einmal im Jahr den Weg ins Heim finden. Und ja – ihr werdet gebraucht! Danke, dass ihr kommt! Kommt bitte weiterhin!

Dennoch: Wir fürchten, dass eine Caring Society so nicht zu haben ist. Eine Caring Society wird sich durch eine Gesellschaft, die in der Pflege immer nur zu Besuch ist, nicht bauen lassen.

Wie das gelingen kann, lässt sich nicht allgemeingültig beantworten. Die Caring Society wächst in lokalen Bezügen. Es kommt auf die Begegnungen an. Sicher erscheint uns aber: Die zur Gewohnheit gewordenen Ordnungen zwischen Pflege und Gesellschaft, zwischen den Profis und der Zivilgesellschaft, müssen durcheinander gebracht werden.

Die Voraussetzung dafür wäre, dass sich die Zivilgesellschaft der Pflege zuneigt. Ja: Zuneigung. Das meint Freundlichkeit, Interesse, sogar Liebe. All diese Dinge braucht es. Sonst bricht die Pflege zusammen. Und natürlich lässt sich Zuneigung nicht verordnen. Sie braucht Gelegenheiten, um zu entstehen. Das heißt, auch die Pflege muss sich der Gesellschaft zuneigen, muss ihren Anspruch auf professionelle Alleinstellung für eine unermessliche Vielfalt zivilgesellschaftlicher Kenntnisse und Fertigkeiten öffnen. Die muss sie freundlich und liebevoll willkommen heißen. Nur dulden reicht nicht. Sie muss es aus Zuneigung tun.

Beide Seiten, die Professionellen und die Zivilgesellschaft, müssen aus ihrer jeweiligen, gewohnten Rolle fallen. Sie müssen mutig aufeinander zufallen, damit sie »durch einander« einen Halt erzeugen und einen gangbaren Weg eröffnen.

Ist die Caring Society ein romantisches Projekt?

Immer mehr Menschen begreifen, dass etwas Neues dran ist und dass dieses Neue Caring Society heißt. Die üblichen Angebote werden nicht mehr so zur Verfügung stehen, wie wir das gewohnt sind. Bisher konnte man alles kaufen, auch Pflege. Jetzt bricht eine neue Zeit an, in der alle mitmischen werden, die es wollen und können: Es geht um eine Demokratisierung der Sorge[85] und um die Wiedereroberung der Daseinsmächtigkeit. Was können wir nicht alles selbst! Jeder, der will, kann die dunklen Wolken am Horizont sehen: den Zusammenbruch der Pflege. Seit 1999 ist die Zahl der Pflegebedürftigen in Deutschland von zwei auf 4,6 Millionen gestiegen. Im Jahr 2022 hat die gesetzliche Pflegeversicherung ein Defizit von 2,2, Milliarden Euro verbucht. Und es wird so weitergehen. Manche werden sagen: Dann brauchen wir eben ein soziales Pflichtjahr. Für die Jungen oder eben auch für die Älteren, die im Ruhestand noch fit sind. Wenn die Hilfe nicht freiwillig kommt, dann muss sie eben erzwungen werden. Das kann man sich nicht vorstellen? Die Corona-Pandemie hat gezeigt, was innerhalb kürzester Zeit durchgesetzt werden kann, wenn es brennt.

Wenn erst einmal einige zehntausend Pflegebedürftige keinen Heimplatz mehr finden, dann könnte eine soziale Dienstpflicht schnell im Gesetzesblatt zu finden sein. Aber das wäre zugleich eine Bankrotterklärung, die nicht wirklich notwendig ist. Norbert Blüm, der ehemalige Bundesminister, sagte 1998: »Pflegen kann jeder.« Der Satz, der damals noch gesagt werden konnte, würde heute Empörung auslösen. War er damals schon falsch oder hat sich etwas verändert? Vielleicht ist es möglich, daran zu erinnern, dass die Menschen vor dem Aufblühen der uns gewohnten Dienstleistungsgesellschaft ja auch mit Pflegebedürftigkeit umgegangen sind. War alles schlecht, weil unprofessionell? Sind Pflegebedürftige einfach »krepiert«, weil es keine professionellen Dienstleistungen gab?

Vielleicht ist es an der Zeit, die Spaltung, die stattgefunden hat, wahrzunehmen und nach neuen Wegen zu suchen. Die Spaltung, die uns Normalmenschen von dem, was wir selber könnten, abgebracht hat, sollte überdacht werden. Jetzt, wo das Dienstleistungsmodell scheitert, müssen wir uns fragen, ob es vorher – als die bezahlten Angebote noch nicht existierten – vielleicht auch gute Pflege gegeben hat. Und findet nicht »vorprofessionelle Pflege« nach wie vor massenhaft statt, in der häuslichen Pflege nämlich, die vielleicht nicht immer perfekt ist, aber die doch der wahre Alltag der Pflege ist? Wir leben in einer Gesellschaft, die starr, manchmal fanatisch nach vorne schaut: Aber vielleicht ist eine vorsichtige Erinnerung an das, was wir vergessen haben, hilfreich? Es geht nicht um die kurzatmige Aufforderung zur Rückkehr in vergangene Zeiten. Aber vielleicht doch um gute und hilfreiche Erinnerungen? Niemand kann übersehen, was sich alles verändert hat: die Familie, vor allem die Rolle der Frauen, der Zuwachs an Kenntnissen in der Pflege. Aber muss alles, was wir selbst können, vor der Professionalität in die Knie gehen?

Der Einwand liegt sogleich auf dem Tisch: Das ist doch Romantizismus! Denken wir nur daran, wie die Menschen ohne moderne Medizin gelitten haben! Keine Schmerzmittel, keine Beatmungsapparate, keine Kreislaufmedikamente, nichts gegen Diabetes. Sie sind jung gestorben. Novalis, das war ein jung Gestorbener. Novalis, der Romantiker, der alles andere als rückwärtsgewandt war, hat gesagt: »Die Welt muß romantisirt werden.« Das war seine Zukunftshoffnung. Und er fährt fort: »Indem ich dem Gemeinen einen hohen Sinn, dem Gewöhnlichen ein geheimnißvolles Ansehn, dem Bekannten die Würde des Unbekannten, dem Endlichen einen unendlichen Schein gebe, so romantisire ich es.«[86] Kein Ort könnte unromantischer sein als eine Pflegestation. Fahle Gesichter, Windeln, Zeitknappheit. Könnte man sich eine romantisierende Caring Society vorstellen, die »dem Gemeinen einen hohen Sinn« gäbe?

Die Caring Society kann man nicht auf einen ehrenamtlichen Werkzeugkasten reduzieren, dem man nur Windeln und Spritzen entnimmt – obwohl es die sicher auch braucht. Die Caring Society macht nur Sinn, wenn sie das Leiden, den Schmerz, den Abschied, die Falten, die Vergesslichkeit als einen Teil der *conditio humana* wiedererkennt. Wenn sie als Caring Society am Bett des Pflegebedürftigen die Ehrfurcht vor dem Leben (Albert Schweitzers fundamentale Inspiration) zelebriert und hier, nahe dem Ende des Lebens, »romantisiert«. »Die Liebe ist der Endzweck der Weltgeschichte«, auch das hat Novalis gesagt. Wenn unsere Gesellschaft das begreift, dann dürfte sie auf dem richtigen Wege sein.

Keiner behauptet, dass die Liebe leicht ist im Angesicht einer beschmutzten Windel. Aber die professionelle Pflege hat eine Spaltung mit sich gebracht, die uns den Umgang mit dem Unfasslichen, dem Hinfälligen, dem Ekelhaften systematisch erspart oder versperrt. Könnte es sein, dass es zukunftsfähiger ist, an der Aufgabe erstmal zu scheitern, als sie umstandslos der Professionalität auszuliefern? Eine Zukunftsfrage könnte darum lauten: Sind Professionalität und Liebe miteinander vereinbar, oder hat Professionalität einen Alleinvertretungsanspruch, und muss sich Professionalität zwangsläufig immer in den Fallstricken des Geldes verheddern? Die professionelle Pflege, die es braucht, gehört auf den Prüfstand einer Caring Society, die den Satz »Yes, we can!« zu ihrer Maxime macht.

Die Caring Society mit dem Janusgesicht

Was ist das, was Isabella da tut? Ihre 95-jährige Mutter kommt nicht mehr allein zurecht. Sie lebt im gleichen Haus, in eigener Wohnung. Mit dem Rollator bewegt sie sich in der Wohnung. Sie hat bis vor Kurzem für alle im Haus gekocht, die berufstätigen Kinder, den Enkel und dessen Freundin. Nun kann sie das nicht mehr. Es ist eine große Last für die Tochter, aber eine Last, die ihr so selbstverständlich ist, wie man ehedem mit Mühsal das Wasser vom Brunnen herbeigetragen hat. Sie kann nicht wie gewohnt verreisen, sie ist angebunden, aber dass sie ihre Mutter pflegt, steht nicht zu Debatte. Ein ambulanter Pflegedienst unterstützt die Familie. Die pflegende Isabella ist berufstätig, aber dennoch pflegt sie. Da sehen wir Caring Society, wie sie heute aussieht.

Man kann sich fragen: Ist das ein Auslaufmodell, oder ist das die anbrechende Zukunft? Natürlich ist das, was da geschieht, das alte Modell, aber es ist zugleich das, was in Zukunft Normalität sein wird. Aber es muss nicht immer die Tochter sein, die Verantwortung übernimmt, wie es vielleicht früher einmal als fast selbstverständlich angesehen wurde. Die Caring Society wird nach Menschen neben der Familie suchen, die in Freundschaft, Nachbarschaft, Kommune neue Quellen der Hilfsbereitschaft sind.

Die Caring Society hat ein Janusgesicht: Sie schaut einerseits zurück auf die traditionelle Pflege, aus der sie geboren ist und die es immer noch gibt, sie ist sogar nach wie vor der Normalfall. Und sie schaut anderseits in die Zukunft, in der sie sich neu erfinden muss, weil die alten Familienverhältnisse wegschmelzen. Sie muss neue

Bündnisse in der krisengeschüttelten Zivilgesellschaft suchen, in der sich andere Freundschaftsbündnisse formieren. Oft fängt es bei den Außenseitern an. Man erinnere sich, dass es in den Hochzeiten von HIV/AIDS Homosexuelle waren, die die ersten AIDS-Hospize auf die Beine stellten, getragen von ehrenamtlichem Engagement. Die neu entstehenden Sozialräume beherbergen die Caring Society, und die Caring Society wird darin zu einer Größe, die sich gegebenenfalls auch jenseits des formalen Sozialstaates zusammentut.

Es gibt diese oft erbarmungswürdige Zwischenwelt der familialen Pflege, die das Bild völliger Verlassenheit bietet, diese zum Beispiel: Eine Frau mit einem essenziellen Tremor, wie die medizinische Diagnose es formuliert. Sie sitzt im Sessel und wackelt mit dem Kopf. Den ganzen Tag. Nur im Schlaf hört das auf. Der Mann sorgt aufopfernd. Er verlässt das Haus nur noch zum Einkaufen, und das darf nicht mehr als 15 Minuten dauern. Seine Frau könnte sonst aufstehen und stürzen, wie es schon geschehen ist. Man kann diese Treue bewundern. Man kann sich fragen, wie lange das gut geht. Wann bricht der Mann zusammen? Wann verschlimmert sich der Zustand der Frau so, dass es ohne Hilfe nicht mehr geht? Die Geschichte schreit eigentlich nach der Caring Society. Offensichtlich sind alle Freunde verschwunden. Totale Isolation ist an die Stelle getreten. Der Versuch, den Mann zu einem Kaffee einzuladen, scheitert: Er könne das Haus so lange nicht verlassen. Sie lehnt auch Besuch ab, niemand soll sie in diesem Zustand sehen. Die Situation wird vermutlich irgendwann in einer Heimsituation enden. Aber was wäre, wenn in der städtischen Nachbarschaft, in der urbanen Gemeinschaft eine Caring Society atmete? Dann könnte es Entlastung und Unterstützung geben, das Zwielicht aus Aufopferung und Isolation, in dem die beiden leben, durchbricht.

Die Geschichte dieser Zweierbeziehung verweist darauf, dass die Individualisierung, in die wir uns hineingearbeitet haben, uns im Alter in aussichtslose Lagen führen kann. Im Augenblick ist das

Einzige, was uns dann einfällt, die professionelle Dienstleistung. Was die beiden jetzt aber wirklich bräuchten, wäre ein Netzwerk von Unterstützern in ihrem häuslichen Umfeld – eine Caring Society. Aber zur Caring Society würde natürlich auch gehören, dass die beiden offen wären für eine nachbarschaftliche Unterstützung. Die Caring Society erschöpft sich nicht in der Entwicklung von ehrenamtlichen Angeboten. Sie braucht auch eine neue Offenheit der Betroffenen, sie braucht Bereitschaft, Freundschaftsdienste anzunehmen.

Stefanie H. hat sich zur Alzheimerhelferin ausbilden lassen. Aber in dem städtischen Vorort, in dem sie wohnt und in dem sie ihre Dienste anbietet, will sie keiner haben. Demenz wird immer noch versteckt, ist mit der Scham der Angehörigen besetzt, die sich isolieren. Auch bei dem Ehepaar mit dem Tremor spielt die Scham eine große Rolle. Eine sorgende Gemeinschaft ist mit dieser Bereitschaft zur Selbstisolation konfrontiert. Wie lässt sich das ändern?

Der italienische Architekt Ezio Manzini hat beschrieben, auf welche baulichen Veränderungen eine Caring Society angewiesen ist. Er spricht von »livable proximity«, von lebbarer Nähe. Man könnte sagen: Wir brauchen eine Umgebung, die den Alltag lebenswert macht.[87] Die Stadt, die Manzini erhofft, ist so gebaut, dass alles, was man zum täglichen Leben braucht, nicht weiter als ein paar Minuten zu Fuß entfernt ist von dem Ort, an dem man lebt. So kommen sich die Menschen an ihrem Wohnort näher, und es gibt die Möglichkeit, sich zu sehen, sich zu unterstützen, sich umeinander zu kümmern. Aktuell sind Städte viel zu oft in Gebiete mit spezialisierten Aufgaben unterteilt: Gewerbegebiete, Einkaufszentren, Bürokomplexe, Ärztezentren, Pflegezentren. Diese Entwicklung macht eine Caring Society fast unmöglich. Sie produziert Einsamkeit und verringert die Lebensqualität. Gemeinschaften müssen erst wieder aufgebaut und ermöglicht werden – vieles ist in den letzten Jahrzehnten zerstört worden. Soziale Innovationen werden nötig, die Caring Societies ermöglichen. Vor fünfzehn Jahren, so sagt Ezio Manzini, wurden erste kleine Quellen solcher Innovationen sichtbar, die inzwischen zu einem breiten Strom geworden sind. Leben und Arbeit rücken wieder näher aneinander, Nahrungsmittelgenossenschaften treten an die Stelle von Sozialhilfe, es gibt eine Wiederbelebung von Nachbarschaften, und die Entstehung neuer generationenübergreifender Wohnformen ist zu beobachten. Aus Graswurzelprojekten, die von kleinen aktiven Gruppen initiiert wurden, sind starke soziale Bewegungen geworden, die Gesundheitsangebote, Bildungsangebote und Ernährungsversorgung umkrempeln. Das darf nicht vergessen werden: Die Caring Society ist nicht denkbar ohne Bündnis mit dem Umbruch in anderen Bereichen: von den neuen Wohnmodellen bis zur »Solawi« (der Solidarischen Landwirtschaft), den Kleidertauschbörsen, den Tafeln und vielen mehr – will sagen: Die Caring Society ist schon da!

Eine Rettungsgasse für die Pflege

Die Leiterin einer Pflegeschule sagt: »Ja, Pflege ist heute eine Herausforderung. Aber das darf niemand falsch verstehen: Pflege ist eine Herausforderung für alle. Die professionelle Pflege kann das nicht allein schaffen. Alle müssen mithelfen.« Das heißt nichts anderes als: Caring Society ist die neue Gemeinschaftsaufgabe.

Die Caring Society ist nicht mehr irgendein akademischer Einfall, der von oben auf die Pflegeszene herabgeträufelt wird, sondern sie ist eine unabdingbare Forderung für die nahe Zukunft. Und sie betrifft uns alle. So formuliert das auch Martin H., ein Banker im Vorruhestand. Er sagt von sich: »Ich bin ein Babyboomer, sogar einer vom Höhepunkt der Babyboomer-Epoche. Ich bin 1964 geboren. Und ich weiß, dass wir Babyboomer im Alter nur gut leben werden, wenn wir uns jetzt und auch künftig engagieren. Die Dienstleistungsgesellschaft ist finanziell und ökonomisch an ihre Grenzen geraten. Nur wenn wir etwas tun, können wir auch dann auf ein gutes Leben hoffen, wenn wir hilfsbedürftig werden.«

Die beiden, die Frau aus der Pflegeschule und der Mann aus der Deutschen Bank, bringen auf den Punkt, was Sache ist. Das zivilgesellschaftliche Engagement muss die Antwort auf die Pflegekrise werden – und ist es schon. Längst sind Tausende von kleinen Initiativen erkennbar, sie drängen nicht in die Öffentlichkeit, sondern sind wie Moos auf dem Stein einfach da. Nicht um die großen Modelle geht es bei der Caring Society, sondern um den nicht registrierten und nicht gezählten Alltag der Sorge. Der Mann im Berliner Zeitungskiosk, der eine informelle Hilfebörse in seiner Straße ist: Er sorgt dafür, dass Frau B., die vergesslich geworden ist und einsam, besucht wird. Irgendjemand von seinen Stammkunden geht dann hin. Oder sprechen wir von der Gruppe junger Handwerker, die sich in einer hessischen Gemeinde zusammengeschlossen hat: Alle zwei Wochen bieten sie abends kostenlos ihre Dienste für Hilfsbedürftige an. Jeder kann anrufen. Und dann kommen die Anrufe, und es zeigt sich: Hier muss bei einem 85-Jährigen eine Lampe repariert werden, dort leckt eine Spüle bei einer bettlägerigen alten Dame. Das ist Caring Society. Oder: Werner F. stellt für die Nachbarin die Mülltonne auf die Straße, weil sie das selbst nicht mehr schafft. Sonja K. holt Woche für Woche eine an Alzheimer leidende alte Dame ab und geht mit ihr gemeinsam zum Chor. Sie bringt sie auch wieder zurück. Oder: Eine Ehrenamtliche bietet sich an, die Nachbarin, die ihren Mann pflegt, für ein paar Stunden abzulösen, damit sie mal zum Friseur gehen kann. Andernorts kauft jemand für die gehbehinderte Witwe ein. Eine Frau liest einem Hilfsbedürftigen vor, macht die Küche, holt jemanden zum Spaziergang ab. Es gibt Tausende solcher Beispiele. Das Kleid der Caring Society ist bescheiden, aber bunt, und es umhüllt viele hilfsbedürftige Menschen wie ein Mantel.

Selbst da, wo in Neubausiedlungen Anonymisierung und Vereinzelung schon von den baulichen Voraussetzungen her fast unvermeidlich ist, durchbrechen Menschen die Distanz und weben an einem Teppich neuer Gemeinschaftlichkeit, der Kontrapunkte gegen Einsamkeit, Egomanie und Konsumismus setzt. Die Caring Society lebt schon. Sie lebt zuerst in dem, was selbstverständlich ist, was zumindest selbstverständlich war. Sie lebt unauffällig, sie lebt in dem, was »nicht der Rede wert« ist. Ein Zipfel von dieser alten Selbstverständlichkeit wird sichtbar in dem Nachbarn, der in den Ferien meinen Postkasten leert. Oder bei der Nachbarin, die eine Hühnersuppe kocht, wenn im Apartment nebenan jemand krank ist.

Pflege ist nicht immer gleich das große Ding, das mich mit unlösbaren Aufgaben konfrontiert, an denen ich dann verzweifele. Wenn ich zum Beispiel mit einem schwergewichtigen, bettlägerigen Mann zu tun habe, der eine neue Windel braucht. Das gibt's auch. Da muss man dann professionelle Hilfe holen. Aber Pflege besteht oft genug in minimalistischen Handreichungen. Das Wasser, das ich auf meinem Nachttisch brauche. Der Saft, den ich gern trinken würde. Der Gang zur Apotheke, den ich nicht schaffe. Das Rezept vom Arzt, das geholt werden muss. Rauskommen an die frische Luft, das ist etwas Wichtiges für den Rollstuhlfahrer, der das aber nicht allein schafft.

»Eine wesentliche Einsicht von Gesundheitsförderung und Public Health ist es, dass ein guter Umgang mit Krankheit, dem Altwerden, dem Sterben, dem Trauern, insgesamt mit der Endlichkeit des Menschen, nicht durch professionelle und institutionelle Versorgung ›herstellbar‹ ist. Die wesentlichen Voraussetzungen und Weichen werden davor und außerhalb des Kontakts mit den Profis des Gesundheits- und Sozialwesens gelegt: in den gewachsenen

Beziehungsmustern der Menschen, den Verwandtschaften und Wahlverwandtschaften«, fasst ein Team um den Soziologen Klaus Wegleitner es zusammen.[88]

Die vorherrschende Reaktion mag heute die Kapitulation sein, wenn jemand hilfsbedürftig wird. Dann heißt es: ab in die nächste Einrichtung. Viele Menschen, die merken, dass sie Hilfe brauchen, sagen sich: Es hat doch niemand Zeit für mich. Ich will nicht zur Last fallen. Oder Familie und Freunde sagen: Das kann ich nicht. Wir wissen nicht, wie viele Menschen ins Heim gehen, nur weil sie an den kleinen Diensten des Alltags scheitern. Und wir wissen nicht, wie oft das Netz nachbarschaftlicher Hilfe heute schon genau diesen Schritt vermeiden hilft. Was wir Caring Society nennen, ist in vielen Fällen einmal Selbstverständlichkeit gewesen. Sie war nicht nur Selbstverständlichkeit, sie war mehr: Sie war Notwendigkeit, weil professionelle Hilfe gar nicht zur Verfügung stand.

Wir müssen aufpassen, dass die früher schon bekannte Sorge für den Nächsten nicht ausgerottet wird, weil man Dienstleistungen ja auch kaufen kann. Es gibt einen Prozess, der unter der Überschrift »Entfähigung« steht. Weil wir Fähigkeiten verlieren, weil sie uns abgesprochen werden, rutschen wir in mehr käufliche Dienstleistung als erforderlich. Ein erfahrener Pflegeheimleiter sagt: Mehr als ein Drittel derer, die im Altenpflegeheim sind, müssten da nicht sein, wenn es ein Netz von Unterstützung in den kleinen Dingen des Alltags gäbe. Wagen wir nicht, nach Hilfe zu fragen? Wie kann der Mut dazu geweckt werden? Wie kann Hilfsbereitschaft entfacht werden? Wo können wir an alte, selbstverständliche Sorge anknüpfen, wo können wir sie wiedererwecken und wo muss sie neu erfunden werden?

Die gegenwärtigen Krisen lehren uns gerade, dass die Frage, was wir eigentlich alles selbst können, neu auf den Tisch kommt. Ein Beispiel: Viel wird in Medien von einem möglichen Blackout gesprochen, Filme führen uns vor, was passieren würde, wenn er da wäre: kein Strom, kein WhatsApp, kein Wasser und damit keine Toiletten und keine Waren im Supermarkt. Katastrophenszenarien, mit denen wir uns auseinandersetzen müssen. Aber beim Thema Pflege ist der Blackout eigentlich da: Wir sind hilflos geworden. Ein Blick auf das, was alles dennoch in Sachen Sorge geschieht und was wir überraschenderweise können, wenn es nötig ist: Das macht Hoffnung.

Manchmal fehlt es wahrscheinlich nur an Mut, um nach einem freundschaftlichen Hilfsdienst zu fragen. Wir haben das Vertrauen in die sozialen Bindungen verlernt. So wie wir es verlernt haben, Feuer ohne Streichhölzer zu machen. Viele haben selbst das Kochen verlernt, weil Lieferando die Pizza ins Haus bringt. Was geht da verloren? Ständig erweitert sich das Dienstleistungsangebot, öffnen sich neue Räume, werden alte Formen der gegenseitigen Hilfe und der Selbsthilfe lahmgelegt. Wer sich das Schnitzel ins Haus bringen lässt, weil es zu mühsam ist, selbst Fleisch in die Pfanne zu hauen, verliert auch etwas: Die Sorge für die eigenen Bedürfnisse wird an einen Dienstleister abgegeben.

Fertiggerichte sind nicht gesund. Fertigpflege, Profipflege, ist vielleicht auch nicht immer gut? Die allgegenwärtigen Serviceangebote machen uns eben alle zu Hilflosen oder Apathischen. »Was ein Telefon gewesen war, wurde ein Zentralrechner, was ein Hemd war, ein Thermometer, ein Haus wurde eine Komfort-Maschine. Alle Modifikationen mündeten in dieser großen Bequemlichkeit und Verfügbarkeit, die wir kurz genossen, dann kaum mehr empfanden und durch einen neuen Lebenszustand ersetzten: die Überforderung, die Abstumpfung, die Kapitulation vor der Entmündigung. Ja, wir brannten aus in all der Reibungslosigkeit.« So hat es der zu früh verstorbene Roger Willemsen gesagt.[89] Caring Society: Das hieße, die schlaffe Reibungslosigkeit verlassen und entdecken, wie kraftvoll ein sorgendes Leben sein könnte.

Erinnern wir uns an den zu Beginn dieses Kapitels erwähnten, kurzen Dialog zweier Damen im Pflegeheim:

»Ich bin so durcheinander. Ich weiß gar nicht, wie es weitergeht.«

»Warum?«

»Ja, das weiß ich eben nicht!«

In einer Caring Society könnte der Dialog vielleicht so weitergehen:

»Ich auch nicht. Aber darf ich Sie trotzdem begleiten?«

»Ja, gerne!«

Das Versprechen der Caring Society – Eine Antwort in 7 Schritten

Wie ließe sich eine Solidarität auf den Weg bringen, in der professionelle Pflege und Zivilgesellschaft einander den Rücken stärken, ohne dass dies auf dem Rücken der einen oder der anderen Seite ausgetragen wird? Welche andere Auffassung von Solidarität hat die Caring Society? Wie könnte die Caring Society die zentrale Frage nach der Solidarität von Pflege und Gesellschaft beantworten? Versuchen wir uns an einer Antwort in sieben Schritten.

1. Die Caring Society beginnt mit einem Gespräch auf Augenhöhe.

Professionelle Institutionen müssten in einen ehrlichen Dialog über ihre Situation treten. Statt eines professionell geplanten Aktionstages wie dem oben beschriebenen hätte der Pflegeverband zum Beispiel gemeinsam mit denen planen können, die man dafür als Co-Akteurinnen und -Akteure brauchte, in diesem Fall also die An- und Zugehörigen von Pflegeheimbewohnerinnen und -bewohnern. Und man sollte ebenso offen für die Sorgen und Nöte der An- und Zugehörigen sein.

Solche Fragen zu stellen, erfordert wirkliches Interesse. Die Caring Society ist nur möglich, wenn Gespräche auf Augenhöhe geführt werden. Diese Gespräche sind eine Übung im Verzichten auf den eigenen Status: Ich bin nicht mehr der Wohnbereichsleiter, der hier das Sagen hat. Ich bin nicht mehr die Kundin, die dem Wohnbereichsleiter sagen kann, was er zu tun und zu lassen hat. Nein, wir sprechen tatsächlich miteinander auf Augenhöhe, weil wir darauf vertrauen dürfen, dass wir eine gemeinsame Not haben. Die Pflegenot ist unsere Not.

Die Caring Society bricht mit einer tradierten Praxis der Hierarchien. Sie will, dass wir »durch einander« sprechen, nicht gegeneinander. Nicht im Befehlston. Nicht als Anweisung. Sie fordert Gleichberechtigung, ohne dass sie alle gleichbehandelt. Vielleicht wird es also darum gehen, neue Verbindungen zu suchen. Darum, dass die Akteurinnen und Akteure einander kennenlernen. Anders wird es nicht gehen. Pflegen in der Caring Society heißt: Gräben überwinden. Nicht füreinander oder gar gegeneinander kann eine andere Pflege auf den Weg gebracht werden, sondern nur »durch einander«.

2. Die Caring Society erfordert Vielfalt.

Die Caring Society ist entschieden alles andere als eine Monokultur. Sie ist Ausdruck von Diversität und fördert die Vielfalt professioneller und nicht-professioneller Vorstellungen von Pflege. Sie braucht und sie fördert die Partizipation der vielen verschiedenen Ansichten und Fertigkeiten. Wer den Ansatz der Caring Society unterstützt, geht von den Fähigkeiten der Menschen aus, nicht von ihren Mängeln. Schon die Rede von nicht-professioneller Pflege bezeichnet ja einen Mangel an Professionalität. Besser wäre es, an dieser Stelle selbstbewusst von Laien oder eben von Co-Akteurinnen und -Akteuren zu sprechen, die ihre Ansichten und Fertigkeiten in die Pflege einbringen können.

Das heißt übrigens nicht, dass es unbedingt viele Ansichten

oder Fertigkeiten sein müssen. Vielfalt ist keine quantitative Frage. Vielfalt entsteht durch Ideen, die anders sind als die etablierten. Vielfalt ist mühsam. Unübersichtlich. Kontrovers. Dynamisch. Unruhig. Immer geht es um ein Gespräch zwischen Individuen mit individuellen Ansichten, Hoffnungen und Befürchtungen. Ein riesiges Netzwerk an Fähigkeiten wartet darauf, geknüpft zu werden! All die Erfahrungen, Berufe, Gedanken und Ideen, die da zusammenkommen. In der Caring Society versammelt sich diese Vielfalt: Welche Ideen stehen sich nahe? Welche stärken einander? Welche schließen einander aus? Die lassen wir erst einmal beiseite, ohne sie zu vergessen. Dissonanzen bleiben bestehen, wir können sie jetzt noch nicht lösen, aber wir schauen auch, welche Vorstellungen von Pflege – um mit Donna Haraway zu sprechen – auf »neue Verwandtschaften hinweisen«.[90] In jeder Verwandtschaft gibt es so manchen nervigen Onkel, so manche ungeliebte Tante. Aber sie sind doch Teil der Familie. Also: Durch die Versammlung der Interessen lassen sich neue Bündnisse eingehen.

Das gute »Durch-einander« einer Caring Society kann wachsen, wenn eine Offenheit für diese Vielfalt besteht. Sie muss nicht immer gelingen, aber sie muss immer wieder geübt werden.

3. Die Caring Society erzeugt neue Kräfte.

Ist erst einmal das »Durch-einander« der Akteurinnen und Akteure in der Pflege auf den Weg gebracht, dann bleibt es unausweichlich, dass auch widerstreitende Ideen und Möglichkeiten dessen, was pflegen heißen könnte, aufeinanderstoßen. Einfach wird das nicht, das sind Auseinandersetzungen nie. Das Schöne daran: Wir können getrost darauf vertrauen, dass es eine andere Kraft sein wird als die der einzeln für sich agierenden Akteure. Weil es eine Kraft ist, durch die eine wirkliche Solidarität entsteht.

Erinnern wir uns an die Statik des Torbogens. Hier entsteht aus einer gemeinsamen Schwäche eine neue Kraft. Die Solidarität mit den Schwachen – der Pflegenden, der Angehörigen der Pflegebedürftigen, der Zivilgesellschaft – verwandelt ihre Schwäche in eine Kraft, die allen Halt gibt.

Die Herausforderung dabei: Diese neue Kraft kann von der Wunschvorstellung abweichen, die jede und jeder Einzelne für sich hegt. An die Stelle des »Was will ich?« tritt das »Was wollen wir?«, oder auch das »Was wollen wir nicht?« Wir sind nicht gewohnt, derart »durch einander« zu agieren. Es ist nicht üblich in unserer Dienstleistungsgesellschaft. Hier stellt sich eine noch größere Herausforderung, denn die neue Solidarität der Caring Society stellt die bestehende Ordnung unserer Dienstleistungsgesellschaft, in der alle Zuständigkeiten sauber voneinander getrennt sind, in Frage.

4. Die Caring Society wird im gemeinsamen Tun verwirklicht.

Das Gespräch ist der erste wichtige Schritt zur Verwirklichung der Caring Society. Schwierig genug, aber auch sehr lebendig. Doch wie kann man über das Gespräch hinausgelangen? Wie kann man den zweiten Schritt tun? Wie kann man die sich im Gespräch abzeichnenden neuen Bündnisse zwischen professioneller Pflege und Zivilgesellschaft »durch einander« verwirklichen?

Denken wir noch einmal an diesen Aktionstag »Besuch vor der Tür«. Wie in dem offenen Brief betont wurde, wollen auch wir unbedingt, dass die Heime offenbleiben, auch in Zeiten von Corona. Aber wir wollen und können die personelle und logistische Umsetzung nicht mehr den Professionellen allein überlassen. Man müsste also fragen: Wer kann helfen? Wer kennt jemanden, der helfen kann? Wer kann dienstags die Teststation betreuen? Wer übernimmt sie am nächsten Samstag? Wer koordiniert die Freiwilligen?

Sofort wird klar: Die Umsetzung der Caring Society kommt nicht ohne geteilte Verantwortung aus. Es bringt nichts, sich über gemeinsame Anliegen zu verständigen, ohne sie gemeinsam anzugehen. Wie realistisch ist aber die Realisierung einer geteilten Verantwortung? Wer außer den Professionellen kann und darf wirkliche Verantwortung übernehmen? Wer will das überhaupt – die nächsten vier Dienstage verbindlich da sein, um die Teststation zu betreuen? Und welche Professionellen wollen Verantwortung abgeben? Dürfen sie es überhaupt?

Sofort zeigt sich, wie wenig sich die Caring Society mit der bestehenden Ordnung einer klaren Trennung von Professionellen hier und Nichtprofessionellen dort vereinbaren lässt. Vielleicht wird sich zeigen, dass die Umsetzung zunächst schwierig ist. Weil wir noch keine Caring Society haben.

Dann heißt es: zurück ins Gespräch. Warum können wir es nicht? Woran liegt es? Fällt uns eine andere Möglichkeit ein, die wir noch nicht bedacht haben? Vielleicht müssen wir dann feststellen, dass einiges (noch) nicht geht. Aber das Wichtigste ist: Wir wollen es versuchen!

Die Erkenntnis, dass es schwierig wird, aus den bestehenden Ordnungen herauszukommen, ist zwar schmerzhaft, kommt aber nicht überraschend. Es ist klar: Die Caring Society hat es schwer. Zu tief sind schon die Gräben zwischen Pflege und Gesellschaft. Wir leisten hier Pionierarbeit.

Und dennoch: Die Chancen dafür können sich jederzeit eröffnen. Erinnern wir uns an jene Tochter, die als gelernte Krankenschwester und Angehörige ihre Hilfe bei der Versorgung ihres Vaters während Corona anbot. Sie durfte nicht. Der Vater wurde entgegen aller Vernunft und entgegen so vieler realistischer Möglichkeiten ins Krankenhaus eingewiesen. Dass seine Tochter nicht einbezogen wurde, lag nicht an mangelnder Hilfsbereitschaft oder Kompetenz. Die bestehende Ordnung gründet schlichtweg auf strenger Einhaltung der bestehenden Trennung. Sie ist eben nicht offen für Solidarität. Geteilte Verantwortung wäre im Sinne aller Beteiligten möglich gewesen. Aber solches »Durch-einander« passt einfach nicht in die bestehende Vorstellung von Ordnung.

5. Die Caring Society ist ein Netzwerk, dass sich unabsehbar entwickeln kann.

Nehmen wir an, es habe Gespräche zwischen den verschiedenen Akteurinnen und Akteuren gegeben. Nehmen wir weiter an, es sei sogar gelungen, während dieser Treffen »durch einander« zu denken, ohne dass man dabei nur durcheinandergeraten ist. Nehmen wir an, es sei gut gelaufen. Wenn auch vielleicht erst einmal nichts von dem, was besprochen wurde, verwirklicht werden konnte, so ist eines doch gelungen: Unruhe ist aufgekommen. Ideen werden aufgescheucht.

Die Leute gehen auseinander. Es arbeitet weiter. Auf dem Nachhauseweg, beim Yoga. Irgendwann, irgendwo im Alltag. Wer weiß? Vielleicht ist da die Ehefrau von Herrn M., der seit Jahren im Pflegerollstuhl sitzt und dem sie täglich das Essen bringt, das er aus seiner fernen Heimat kennt. Sie hat Schwester A. und Pfleger B. in diesen Gesprächen ganz neu und anders erlebt und bringt ihnen beim nächsten Besuch etwas von diesem besonderen Essen mit. Keine große Sache, aber eine kleine Geste. Vielleicht erinnert sich Pfleger B. daran, wie Frau M. von der Heimat ihres Mannes gesprochen hat, und ist neugierig geworden auf die Geschichte dieser Familie. Vielleicht begegnet er Herrn M. jetzt ganz anders. Vielleicht erzählt Frau M. ihrer Nachbarin davon. Vielleicht hat die Nachbarin von

Frau M. einen Vereinsfreund, dessen Sohn einen Job sucht und an den kommenden Wochenenden die Testungen im Heim übernehmen könnte.

Vielleicht, vielleicht, vielleicht. So viele unabsehbare Möglichkeiten, nur weil man miteinander ins Gespräch gekommen ist. Wenn wir den sozialen Muskel des Vertrauens erst wieder trainieren, ist es eher wahrscheinlich, dass die Ideen sich wild und unabsehbar verzweigen. Die Caring Society stößt auf Möglichkeiten, die man zuvor noch gar nicht sehen konnte. Will sagen: Eine unabsehbare Lebendigkeit ist auf den Weg gebracht.

6. Die Caring Society kann scheitern.

Das ist nicht als eine düstere Prognose gemeint, sondern als Hoffnung. Das Schöne nämlich: Die Caring Society kann scheitern, weil sie ja – und damit kehren wir wieder an den Anfang unserer Überlegungen zurück – auf einer gemeinsamen Schwäche füreinander und »durch einander« gründet. Die Caring Society fügt sich nicht dem Gelingensdruck unserer Leistungsgesellschaft. »Du schaffst das!« Das soll Mut machen, erzeugt aber zugleich auch Druck.

Die Beteiligten aus professioneller Pflege und Gesellschaft wissen, dass sie die perfekte Pflege nicht bekommen, ebenso wenig wie die perfekte Gesellschaft. Aber das macht gar nichts, weil sie glauben, dass es darum geht, nicht perfekt zu sein. Schwäche und Scheitern sind ganz wesentlich für die Caring Society. Nicht, dass sie scheitern will, aber sie kann es, mit großer Gelassenheit. Weil sie weiß, dass ohne die wechselseitige Schwäche füreinander kein gutes »Durch-einander« entsteht.

7. Die Caring Society ist eine Vision.

Die Caring Society ist neugierig auf das Andere, mehr als auf das Übliche. Vor allem sucht sie nach Möglichkeiten. Robert Musil hat das Wort vom Möglichkeitssinn geprägt: »So ließe sich der Möglichkeitssinn geradezu als die Fähigkeit definieren, alles, was ebenso gut sein könnte, zu denken und das, was ist, nicht wichtiger zu nehmen als das, was nicht ist. (…) Solche Möglichkeitsmenschen leben, wie man sagt, in einem feineren Gespinst, in einem Gespinst von Dunst, Einbildung, Träumerei und Konjunktiven (…).«[91]

Eine 82-jährige Bekannte sagt am Telefon: »In so ein typisches Heim kriegen die mich nie! Ich will singen im Alter. Und malen. Und ich will Tiere um mich herum. Und Kinder.« Eine Vision eines Lebens mitten in der Welt. Leben und Arbeiten würden sich vermischen, nicht ausschließen, ein neues, gutes »Durch-einander« von Pflege und Gesellschaft. Chaos! Ja. Wild! Ja. Aber immer »durch einander«. Achtsam. Einander zugeneigt.

Die Caring Society ist keine fertige Anleitung und kein fertiges Gesellschaftsmodell. Sie ist eine Vision. Sie ist nicht einfach machbar, kann aber eine Inspiration sein, um über die Not der Pflege anders nachzudenken. Nicht in den gewohnten Denkmustern der Leistungsgesellschaft, die Schwäche durch Stärke ersetzt, wo immer sie nur kann.

Eine Caring Society schaut auch nicht nur auf die Pflege. Sie sieht, wie es um unsere Welt bestellt ist. Das hat sie der Leistungsgesellschaft voraus. Wir leben in Zeiten so vieler gleichzeitiger Krisen – Krieg, Hunger, Flucht, Artensterben, Klimawandel, um nur einige zu nennen.

Die Pflegekrise ist nur eine Krise unter vielen. Immer weniger Menschen glauben noch, dass es so weitergehen kann wie bisher. Das alte Prinzip unerschöpflichen Wachstums hat ausgedient, es ist Zeit für eine neue Idee. Die Caring Society kann hier ihre unersetzlichen Erfahrungen beitragen. Sie hat keine Berührungsängste.

Dank

Wir danken Aenne Glienke (Agentur für Autoren und Verlage) für die exzellente Beratung bei dem Entwurf für das Exposé zu diesem Buch und für die Vermittlung des Buchprojektes an den Kösel-Verlag. Frau Sterthoff vom Kösel-Verlag hat uns klug, kritisch und kreativ bei der Erstellung des Manuskripts begleitet – auch ihr danken wir. Henrik Heisterberg hat das Manuskript einfühlsam und kompetent redigiert – danke!

Wir danken Christine Wörl für ihre Bereitschaft und Geduld, die Entstehung der Texte mit dem unersetzlichen Gespür ihrer eigenen Erfahrungen als Angehörige zu begleiten.

Wir danken allen, die mit uns Gespräche über Pflege geführt haben. Wir danken allen, die mit uns über die Texte des Buchs diskutiert, gestritten und gerungen haben.

Wir danken all den Menschen, die Pflege erfahren und die uns, durch ihre Worte oder durch ihre Blicke, so viele Fragen aufgegeben haben.

Anmerkungen

1 Reimer Gronemeyer/Andreas Heller: *Suizidassistenz? Warum wir eine solidarische Gesellschaft brauchen.* der hospiz verlag 2022

2 Lina Hansen: »Emanzipatorische Beziehungsarbeit für die sozial-ökologische Transformation – Von der wachstumskritisch-androzentrischen Ökonomik zur feministischen Gesellschaftskritik«, in: Ulrike Knobloch e. a. (Hrsg.): *Caring Societies – Sorgende Gesellschaften. Neue Abhängigkeiten oder mehr Gerechtigkeit?* Beltz Juventa 2022, S. 164

3 Hill Collins zit. Hansen a. a. O., S. 160 ff. Patricia Hill Collins: *Towards an afrocentric feminist epistemology*, Routledge 1990

4 Hansen a. a. O., S. 155

5 Homepage GDA, Gesellschaft für Dienste im Alter (gda.de)

6 Charles Eisenstein: *Wir brauchen eine Revolution der Liebe – eine ganzheitliche Betrachtung zum Klimawandel.* März 2020. Transkript eines Vortrags, den Charles Eisenstein am 7. Oktober beim Extinction Rebellion Klimacamp in Berlin gehalten hat. (charleseisenstein.org)

7 Mary Kalantzis und Bill Cope: »Works and Days« (newlearningonline.com)

8 Literatur bei Stefanie Kämper: »Palliative Care neu denken«, 2022. Vgl. auch Gronemeyer/Ritter/Schultz/Träger (Hg.): »Demenz im Quartier. Ehrenamt und Sozialraumorientierung für das Alter«, transcript 2022; Rothe/Kreutzner/Gronemeyer: »Im Leben bleiben. Unterwegs zu demenzfreundlichen Kommunen«, transcript 2015; Gronemeyer/Schuchter/Wegleitner (Hg.): »Care – Vom Rande betrachtet. In welcher Gesellschaft wollen wir leben und sterben?« transcript 2021; Susanne Fleckinger: »Hospizarbeit und Palliative Care«, Springer Fachmedien 2018

9 Siehe Kämper a. a. O., S. 35

10 John McNight: »Professionelle Dienstleistung und entmündigende Hilfe«, in Ivan Illich u. a.: *Entmündigung durch Experten. Zur Kritik der Dienstleistungsberufe*, Rowohlt 1979, S. 37

11 Eduardo Galeano: *Traditions of the Future*, 1991. Zit. in: Silvia Federici: *Die Welt wieder verzaubern. Feminismus, Marxismus & Commons*, mandelbaum 2020, S. 125. – In dem Zitat ist der Verweis auf diese Tradition als eine amerikanische ausgelassen, weil sie u. E. doch auch für Europa gilt.

12 Zit. Burkhard Reinartz, Deutschlandfunk, 25. August 2014

13 Peter Linebaugh, zit. in Federici a. a. O., S. 19 (Vorwort)

14 Charles Eisenstein: »The Good World«, in: charleseisenstein.substack.com, zuletzt abgerufen am 26. April 2022

15 Elisabeth Conradi, Frans Vosman (Hg.): *Praxis der Achtsamkeit. Schlüsselbegriffe der Care-Ethik.* Campus 2016, S. 41 f.

16 Mypflegephilosophie.com am 6. Oktober 2021

17 Zum Beispiel: Claus Fussek/Gottlob Schober: *Im Netz der Pflegemafia. Wie mit menschenunwürdiger Pflege Geschäfte gemacht werden*, Goldmann 2009; Claus Fussek/Gottlob Schober: *Es ist genug! Auch alte Menschen haben Rechte*, Knaur 2013. – Zur Rechtslage siehe Thomas Klie: *Rechtskunde. Das Recht der Pflege alter Menschen*, Vincentz 2021

18 Charles Eisenstein: *Wir brauchen eine Revolution der Liebe – eine ganzheitliche Betrachtung zum Klimawandel*, charles-eisenstein.subsstack.com im März 2020

19 Vgl. https://www.care.de, zuletzt aufgerufen am 9. September 2022

20 Vgl. https://www.care.de, zuletzt aufgerufen am 9. September 2022

21 Vgl. den Bericht von Mark Münzel: »Gejagte Jäger. Aché und Mbia. Roter Faden zur Ausstellung«, Museum für Völkerkunde Frankfurt am Main, 1983. – Vgl. auch Reimer Gronemeyer: *Die Entfernung vom Wolfsrudel. Über den drohenden Krieg der Jungen gegen die Alten*, Claassen 1989, S. 11 ff. – Man musss wohl davon ausgehen, dass die wenigen Aché, die 1983 noch überlebt hatten, inzwischen samt ihrer Kultur von gewalttätigen Modernisierungswellen hinweggespült worden sind.

22 Reimer Gronemeyer ebd. S. 70 ff. unter Bezug auf Simone de Beauvoir: *Das Alter*, Rowohlt 1977; vgl. auch John Koty: *Die Behandlung der Alten und Kranken bei den Naturvölkern*, C. L. Hirschfeld 1934; Raimund Pousset: *Senizid und Altentötung*, Springer 2018

23 James Lawrence Powell: 2084*. Eine Zeitreise durch den Klimawandel*, Bastei/Lübbe 2020, v. a. S. 209ff.

24 Vgl. Claus Fussek, Gottlob Schober: *Es ist genug! Auch alte Menschen haben Rechte*. Vgl. auch Reimer Gronemeyer: *Die Schwachen zuerst. Lektionen aus dem Lockdown*, Claudius 2021

25 Bizeps.or.at vom 27.02.2021

26 Reimer Gronemeyer/Andreas Heller: *Suizidassistenz? Warum wir eine solidarische Gesellschaft brauchen*, der hospiz verlag 2021

27 Dass das Thema »Nomadismus« gerade vor einer Renaissance steht, kann man u. a. sehen an Werner Herzogs Dokumentarfilm *Der Nomade – Auf den Spuren von Bruce Chatwin* von 2019 sowie an dem US-amerikanischen Film *Nomadland* von Chloé Zhao aus dem Jahre 2020. S. auch Andreas Weber: »Sharing Life. Animism as Ecopolitical Practice«, Indien 2020, www.in.boell.org (Heinrich-Böll-Stiftung)

28 Vgl. dazu Charles Eisenstein: »Reinventing Progress. How to Move Beyond Technocracy«, charleseisenstein@subsstack.com

29 Dan Saladino: »Eating to Extinction«, Jonathan Cape, 2021, sowie *The World's Rarest Foods and Why We Need to Save Them*, zit. N. Lakhani, A. Chang. R. Liu, A. Witherspoon: »Chiquita und der Pilz«, *der Freitag* Nr. 20, 19. Mai 2022

30 Ebd.

31 Ronald D. Laing: *Phänomenologie der Erfahrung*. edition suhrkamp 1969, S. 45 f.

32 »Je höher der Pflegegrad umso mehr Geld für die Versorgung können die Betreiber von den Pflegekassen und den Angehörigen erwarten. (…) Betreiber und Träger von Heimen haben ein wirtschaftliches Interesse daran, dass sich der Zustand ihrer Bewohner jedenfalls nicht verbessert, sonst gehen Einnahmen verloren.« Die Folge: »… Bewohner würden in Heimen allzu oft nicht in ihrer Mobilität und Selbständigkeit gefördert, sondern ›in die Betten gepflegt‹.« – Rainer Stadler: »Pflegebedürftig«, in: *Süddeutsche Zeitung*, 22. März 2022. Online-PDF, S. 15 f., zuletzt aufgerufen 20. August 2022

33 Sibylle Berg in: https://www.spiegel.de/kultur/altersdiskriminierung-eine-graue-masse-die-juengere-fast-mit-ekel-erfuellt-a-79c3771a-9bbf-4ca5-92c6-d3ae8ac49e43

34 Paula Gunn Allen: *Who is Your Mother? Red Roots of White Feminism*, 1988, zit. Federici S. 125

35 aerzteblatt.de vom 26. Oktober 2020, Kleine Anfrage der Fraktion Bündnis 90/Die Grünen im Deutschen Bundestag

36 Sybille Berg a. a. O.

37 Karl Valentin: »Pessimistischer Opti-

mismus«, in: *Der Rabe. Magazin für jede Art von Literatur*, Nummer 23, Haffmans 1989, S. 162

38 Zygmunt Bauman: *Moderne und Ambivalenz. Das Ende der Eindeutigkeit.* Junius-Verlag 2005, S. 20

39 Vgl. Statista, online: https://de.statista.com/statistik/daten/studie/2729/umfrage/anzahl-der-pflegeheime-und-ambulanten-pflegedienste-seit-1999/https://de.statista.com/statistik/daten/studie/2729/umfrage/anzahl-der-pflegeheime-und-ambulanten-pflegedienste-seit-1999/ Zuletzt aufgerufen am 3. September 2022

40 Aus dem zweiten Buch des Lukrez, zitiert nach Hans Blumenberg: *Schiffbruch mit Zuschauer. Paradigma einer Daseinsmetapher.* Suhrkamp 1979, S. 52

41 Gabriele Göttle: »Frühstück mit Ivan Illich«, taz vom 30. Juli 2021, online auf taz.de

42 Ebd.

43 Die Geschichte hat Susanne Kerkovius dokumentiert: »›Meine Liebe, meine Schöne!‹ Vom Verlassenwerden durch Demenz«, in: *Demenz. Das Magazin*, Ausgabe 54 2022, S. 36

44 Jean Baudrillard: *Der symbolische Tausch und der Tod.* Matthes & Seitz 1982, S. 257

45 »Only by welcoming uncertainty from the get-go can we acclimate ourselves to the shattering wonder that enfolds us.« – David Abram: *Becoming animal*, Vintage 2011, S. 7

46 Baudrillard a. a. O., S. 283

47 Ebd.

48 Ebd.

49 Der Bericht von Lee Hoinacki ist nicht veröffentlicht. Das Manuskript ist vorhanden im Archiv der Stiftung Con Vivial, Wiesbaden. Vgl. Lee Hoinacki: *Dying is not Death*, Resource Publications 2007. Vgl. Reimer Gronemeyer: *Die Weisheit der Alten*, Herder 2018, S. 39 ff.

50 Meister Eckart: *Predigten und Traktate*, Diogenes 1990. Lee Hoinacki zitiert hier nicht wörtlich, sondern zieht offenbar aus verschiedenen Schriften Aussagen zusammen.

51 Dies ist eine eigene freie, paraphrasierende Übersetzung des Satzes, der im Original so lautet: »Impossibility – that is, radical impossibility clearly perceived, absurdity – is the gate leading to the supernatural. All we can do is to knock on. It is another who opens.« – Simone Weil: *The Notebooks of Simone Weil*, Taylor & Francis Ltd 2004, S. 412

52 Marie Laborde: *So schön die Drei im Sterbeheim*, Hamburg 2021, S. 79 (Edition Contra-Bass)

53 Ebd., S. 80

54 Deutscher Bundestag Drucksache 20/2237 vom 8. Juni 2022

55 Charles Eisenstein: The Spirituality of ________, 12. März 2022, charleseisenstein@subsstrack

56 Andreas Weber: »Die Wiederentdeckung der Wirklichkeit«, in: David Abram a. a. O., S. 8

57 Vgl. z. B. https://www.die-tagespost.de/politik/niederlande-melden-erneut-mehr-tote-durch-euthanasie-art-218188, zuletzt abgerufen am 5.12.2022

58 Donna J. Haraway: *Monströse Versprechen*, Argument 2022, Pos. 587 in der digitalen Ausgabe

59 Maja Lunde: *Die Geschichte der Bienen*, btb 2017, S. 199ff.

60 Andreas Weber a. a.O., S. 19

61 Zit. Ursula K. Le Guin: *Am Anfang war der Beutel. Warum uns Fortschritts-Utopien an den Rand des Abgrunds führten*, thinkOya 2020, S. 79

62 Ebd., S. 79

63 So der Guardian zit. bei Charles Eisenstein: »Transhumanism and the Metaverse«, c2022, charleseisenstein@subsstrack

64 James Lawrence Powell: *2084. Eine Zeitreise durch den Klimawandel*, Bastei Lübbe 2020, S. 209 ff.

65 So fordert Eugen Brysch von der Stiftung Patientenschutz in der *Rheinischen Post*, online am 27. August 2022

66 Silvia Federici: *Die Welt wieder verzau-*

bern a. a.O., S. 264 f. – Sie bezieht sich dabei auf Leopoldina Fortunati 1998.

67 Ebd., S. 266

68 Hans Vogt: *Der asymptomatische Mensch*, transcript 2021

69 Federici a. a.O., S. 268

70 Aus einem unveröffentlichten Manuskript von Lee Hoinacki, 1996. Unter Bezug auf Henry David Thoreau: Über die Pflicht zum Ungehorsam gegen den Staat, Diogenes 2012

71 Andrea Vetter/Matthias Festerer: »Right here, Right now«, in: Frank Adloff/Alain Caillé (Hg.): *Convivial Futures: Views from a Post-Growth Tomorrow*, transcript 2022, S. 168

72 Zit. bei Vetter/Festerer a. a.O.

73 Ulrike Knobloch e. a.: *Caring Societies – Sorgende Gesellschaften. Neue Abhängigkeiten oder mehr Gerechtigkeit?* Juventa 2022, S. 10

74 Ebd., S. 11

75 Uwe Pörksen: *Plastikwörter. Die Sprache einer internationalen Diktatur*, Klett-Cotta 1989

76 »Jede Orientierung auf die Werte ist eine Orientierung auf den Wert. … (…) Die Wertegemeinschaft firmiert als das eherne Gehäuse unseres kapitalistischen Daseins.« – Franz Schandl: »Wert und Werte. Wegweiser im wirkmächtigsten Gehege der Zeit«, in: *Streifzüge*, Nr. 85, 2022, S. 5–8, hier S. 5

77 Jean-Francois Lyotard: *Das Patchwork der Minderheiten*, Merve 1977, S. 30

78 So Andrea Vetter/Matthias Fersterer a. a.O., S. 166

79 Vgl. dazu Charles Eisenstein: »Wir brauchen eine Revolution der Liebe«, charleseisenstein.org (essays)

80 Jean-Pierre Wils: *Der große Riss. Wie die Gesellschaft auseinanderdriftet und was wir dagegen tun müssen*, Stuttgart 2022 (S. Hirzel Verlag).

81 Rainer Stadler: Wehrlos im Heim. Süddeutsche Zeitung, 12. Januar 2023, zuletzt abgerufen am 26.03.2023: https://www.sueddeutsche.de/meinung/pflegeheime-gewalt-arbeitsüberlastung-pflichtjahr-versicherer-kommentar-1.5731093

82 Der offene Brief ist online abrufbar auf: https://www.vkad.de. Zuletzt aufgerufen am 11. September 2022

83 https://www.vkad.de/pressemitteilungen/infektionsschutz-ist-nicht-allein-aufgabe-der-pfle/2283882/. Zuletzt aufgerufen am 11. September 2022.

84 Heinrich von Kleist: *Briefe*, Insel-Verlag 1986, S. 154

85 So haben es Sonja Prieth, Patrick Schuchter und Klaus Wegleitner für eine Tagung im Kardinal-König-Haus, Wien, 23.06. 2023 formuliert.

86 Novalis: Werke, Tagebücher und Briefe, herausgegeben von H.-J. Mähl und R. Samuel, 3 Bände, Wien, München 1978, Band II, S. 334. Diesen Hinweis verdanke ich Gerd Achenbach.

87 Ezio Manzini: *Livable Proximity. Ideas for the City that Cares.* Bocconi 2022.

88 Klaus Wegleitner/Patrick Schuchter/Anna Kainradl: Caring Communities als »Keimlinge« gesellschaftlicher Transformation, in: Robert Sempach/Christoph Steinebach/Peter Zängl (Hrsg.): Care schafft Community – Community braucht Care, Wiesbaden 2023 (Springer), S. 49–74, S. 52.

89 Roger Willemsen: Wer wir waren. Zukunftsrede, Frankfurt am Main 2016 (Fischer) S. 6.

90 Donna J. Haraway: *Unruhig bleiben. Die Verwandtschaft der Arten im Chthuluzän.* Campus 2018

91 Robert Musil: *Der Mann ohne Eigenschaften.* Rowohlt 1987, S. 16